Weweler

# DAS EINFACHSTE GLUKOSE-BALANCE-KOCHBUCH ALLER ZEITEN

Nora Weweler ist zertifizierte Ernährungsberaterin und hat sich auf eine Ernährungsform spezialisiert, die den Glukosespiegel im Blut stabil hält. Ihr Ziel ist es, diese Ernährungsform einfach und zugänglich zu gestalten, um möglichst viele Menschen für einen gesunden Lebensstil zu begeistern. In Einzel- und Gruppencoachings arbeitet sie im deutschsprachigen Raum und setzt sich mit ihrem eigens entwickelten Ernährungsprogramm leidenschaftlich für die Steigerung des Wohlbefindens und langfristige Gesundheit dank der blutzuckerfreundlichen Ernährung ein. Gemeinsam mit ihrer Familie lebt sie in Berlin. Mehr Informationen unter www.noraweweler.de.

Nora Weweler

# DAS EINFACHSTE GLUKOSE-BALANCE-KOCHBUCH ALLER ZEITEN

Gesund und voller Energie mit einem stabilen Blutzuckerspiegel

TRIAS

Das Rezept zum Coverfoto findest du auf Seite 84.

Soooooo....

# EINFACH!

Brokkoli: © baibaz/stock.adobe.com; Halloumi: © uckyo/stock.adobe.com – edited by Thieme

# WILLKOMMEN IN DER GLUKOSE-BALANCE-KÜCHE

Unsere Essgewohnheiten tendieren zunehmend zu Fast Food, verarbeiteten Lebensmitteln und stark zuckerhaltigen Produkten. Das hat negative Auswirkungen auf unsere Gesundheit und führt zu Übergewicht, Diabetes und schweren Herz-Kreislauf-Erkrankungen. Die meisten Menschen erleben Blutzuckerspitzen und die damit verbundenen Einbrüche, die kurzzeitig zu Müdigkeit, Energielosigkeit, Heißhunger auf Süßes sowie Gewichts- und Stimmungsschwankungen führen. Langfristig können diese Schwankungen ein erhöhtes Risiko für Prädiabetes, Diabetes mellitus Typ 2, Krebs und Alzheimer zur Folge haben.

Die blutzuckerstabile Ernährung, die wir hier gemeinsam erkunden, ist keine kurzlebige Diät oder ein vorübergehender Trend. Vielmehr handelt es sich um eine nachhaltige Ernährungsform, die nicht auf Verzicht oder Verbote setzt – du darfst fast alles essen, was du möchtest –, und trotzdem sorgt sie für langfristiges Wohlbefinden und körperliche Vitalität.

In diesem Buch tauchen wir gemeinsam in die Grundlagen dieser Ernährungsform ein. Ich zeige dir, wie einfach es ist, köstliche Gerichte zuzubereiten, ohne dabei unerwünschte Glukosespitzen zu riskieren. Dazu brauchst du nur sechs Zutaten plus Öl, Essig, Salz und Pfeffer aus deinem Vorratsschrank. Die positiven Veränderungen auf dein Wohlbefinden werden nicht lange auf sich warten lassen: Tschüss Nachmittagstiefs! Hallo mehr Energie, bessere Stimmung und langfristige Gesundheit!

Ich wünsche dir viel Freude beim Kochen und Entdecken!

Herzlichst, deine Nora

# BASICS DER GLUKOSE-BALANCE-KÜCHE

Bevor es losgeht und ich dir einige Ernährungstipps gebe, die für einen ausgewogenen Blutzuckerspiegel sorgen, noch ein paar allgemeine Ernährungs-Basics. Die helfen dir zu verstehen, was beim Essen in deinem Körper passiert und warum ich bestimmte Lebensmittel empfehle.

## WAS IST GLUKOSE UND WIE WIRKT SIE?

Glukose, auch bekannt als Traubenzucker, ist ein sogenannter Einfachzucker und gehört zu den Kohlenhydraten. Sie besteht aus einem Zuckerbaustein und wird aus kohlenhydratreichen Lebensmitteln freigesetzt, bevor sie ins Blut aufgenommen wird, um Energie zu liefern. Glukose führt in der Regel zu einen schnellen Anstieg des Blutzuckerspiegels. Sie ist die bevorzugte Energiequelle für die Zellen unseres Körpers, wobei das Gehirn den Großteil des Glukoseverbrauchs ausmacht, aber auch andere Gewebe und Organe Energie daraus gewinnen.

Wenn wir allerdings in kurzer Zeit zu viel Glukose in Form von Nahrung aufnehmen, kommt es bei den meisten Menschen zu einer Blutzuckerspitze. Ging man früher davon aus, dass diese Spitzen nur bei Menschen mit Diabetes auftreten, zeigen neueste Daten, dass auch der Großteil der gesunden Menschen Glukosespitzen nach dem Essen oder Trinken kohlenhydrathaltiger Nahrung bekommen kann.

Tägliche Achterbahnfahrten unseres Glukosespiegels können dazu führen, dass wir ständig müde sind, dass wir Heißhunger bekommen und immer wieder zu Snacks greifen. Dass wir unter Stimmungsschwankungen, Entzündungen, Gewichtsschwankungen, hormonellen Problemen und erhöhten Wechseljahresbeschwerden leiden. Glukoseschwankungen haben jedoch auch weitreichende Folgen auf unsere langfristige Gesundheit, auf die ich später noch eingehen werde.

Nicht nur zuckerhaltige Lebensmittel, sondern auch stärkehaltige Nahrung wie Brot, Nudeln, Hafer und Reis liefern Glukose. Allerdings wird die Stärke erst während der Verdauung in Glukose aufgespalten. Deshalb steigt der Blutzuckerspiegel hier in der Regel langsamer.

## WIE WIRKT INSULIN?

Insulin ist ein lebenswichtiges Hormon, das in der Bauchspeicheldrüse produziert wird. Seine Hauptfunktion besteht darin, den Blutzuckerspiegel zu regulieren.

Wenn wir kohlenhydratreiche Lebensmittel essen (auch zuckerhaltige Speisen und Getränke gehören dazu), wird Glukose im Verdauungstrakt während der Verdauung freigesetzt und gelangt ins Blut. Ein Anstieg des Blutzuckerspiegels signalisiert der Bauchspeicheldrüse, Insulin zu produzieren und es in die Blutbahn abzugeben.

Insulin kann man sich wie einen Schlüssel vorstellen, der es den Zellen ermöglicht, Glukose aus dem Blut aufzunehmen und als Energiequelle zu nutzen. Insulin fördert den Transport von Glukose aus dem Blut in die Zellen, insbesondere in Muskeln, Fettgewebe und Leber. Zu viel Insulin im Blut kann den Abbau von Körperfett blockieren.

Wenn wir zu viel Glukose aufnehmen, kann es zu einer Überproduktion von Insulin kommen, was langfristig zu Insulinresistenz und anderen Gesundheitsproblemen führen kann. Ein stabiler Glukosespiegel führt also gleichzeitig zu einem stabilen Insulinspiegel, was sich positiv auf deine kurzfristige und langfristige Gesundheit auswirken kann.

Blutzuckerschwankungen werden mit verschiedenen Symptomen in Verbindung gebracht (Abbildung Seite 10). Bei einer blutzuckerstabilen Ernährung reduzieren sich die Symptome oft zügig.

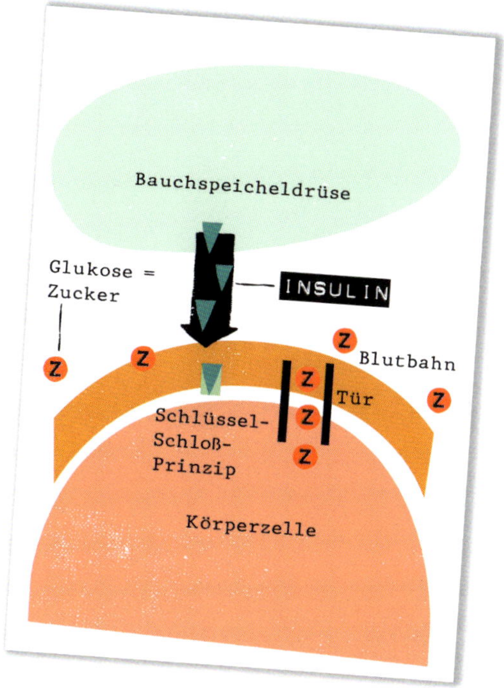


## WOZU BRAUCHEN WIR PROTEINE?

Wenn wir unseren Blutzuckerspiegel stabil halten wollen, spielen Proteine (Eiweiße) eine Schlüsselrolle, die weit über ihre Rolle als Bausteine für Muskeln hinausgeht. Eine ausgewogene Zufuhr von Proteinen ist entscheidend, um den Blutzuckerspiegel stabil zu halten und gleichzeitig die Energieversorgung des Körpers zu unterstützen. Proteine gehören zur Obergruppe der Makronährstoffe und sind unentbehrlich für zahlreiche Funktionen im Körper. Bei einer blutzuckerstabilen Ernährung bieten Proteine viele Vorteile.

Vorteile von Proteinen:

- Im Vergleich zu Kohlenhydraten haben Proteine einen minimalen Einfluss auf

## Folgen von BLUTZUCKERSCHWANKUNGEN

| kurzzeitige Symptome | langfristige Auswirkungen |
|---|---|
| - Heißhunger<br>- Gereiztheit, wenn du Hunger hast<br>- viele kleine Mahlzeiten nötig<br>- Müdigkeit<br>- Energielosigkeit<br>- Nachmittagstief<br>- Konzentrationsschwierigkeiten<br>- Hautprobleme wie Akne, Ekzeme und Schuppenflechte<br>- hormonelle Probleme<br>- PMS oder Menstruationsbeschwerden<br>- Stimmungsschwankungen<br>- Abnehmen fällt schwer<br>- häufige Erkältungen<br>- Entzündungen<br>- Schlafprobleme | - beschleunigte Alterung<br>- Verdauungsbeschwerden, auch „Leaky Gut Syndrom"<br>- zu hoher Blutzuckerspiegel<br>- Insulinresistenz<br>- Prädiabetes<br>- Diabetes mellitus Typ 2<br>- Schwierigkeiten mit dem Umgang von Diabetes Typ 1<br>- nicht-alkoholische Fettleber<br>- Herzerkrankung<br>- Alzheimer<br>- Krebs |

den Blutzuckerspiegel. Der Verzehr von proteinreichen Lebensmitteln trägt dazu bei, Blutzuckerspitzen zu vermeiden.

- Proteinreiche Lebensmittel sorgen für ein lang anhaltendes Sättigungsgefühl und verhindern somit Heißhungerattacken und übermäßiges Essen.
- Proteine sind die Bausteine für alle Zellen im Körper. Da permanent Zellwachstum im Körper stattfindet, sind Proteine unentbehrlich.
- Proteine sind nicht nur wichtige Bausteine für unsere Muskeln, das Gewebe und die Organe, sie erhalten auch unsere Muskelmasse und unterstützen den Stoffwechsel.
- Proteine enthalten im Vergleich zu den anderen Grundnährstoffen wenig Kalorien, was ebenfalls positive Auswirkungen auf deinen Körper und dein Wohlbefinden haben wird.

Gesunde Proteinquellen sind enthalten in:

- tierischen Produkten wie Fisch, Fleisch, Meeresfrüchte, Milchprodukte, Eier und Käse
- pflanzlichen Lebensmitteln wie Nüsse, Saaten, Samen, Gemüse, Tofu, Soja und Hülsenfrüchte

## WELCHE FETTE GIBT ES?

»Fett macht fett« – eine der vielen Ernährungsmythen, die nicht mehr aktuell sind. Es gibt verschiedene Arten von Fetten, zum Beispiel gesättigte, ungesättigte und mehrfach ungesättigte Fettsäuren. Bei der blutzuckerstabilen Ernährung lohnt es sich, die guten Fette zu bevorzugen, die in vollwertigen Lebensmitteln enthalten sind.

Gesättigte Fettsäuren sind in tierischen Produkten enthalten, zum Beispiel in Butter, Wurst, Käse und Fleisch, und sollten nur in Maßen konsumiert werden. Einfache und mehrfach ungesättigte Fettsäuren findest du in Nüssen, Samen, Avocados, Oliven und fettreichem Fisch. Meiden solltest du Transfette, die häufig in Margarine, Fertigprodukten, Süßigkeiten und frittiertem Essen enthalten sind.

Das Gute an Fetten:

- Im Gegensatz zu schnellen (jedoch nicht nachhaltigen) Energiequellen wie Zucker geben dir Fette Energie über einen längeren Zeitraum.
- Viele Vitamine sind fettlöslich. Das bedeutet, dass sie zusammen mit Fett viel besser vom Körper aufgenommen werden können. Dadurch kann Fett die Wirkung von Nährstoffen im Körper maximieren.
- Fette fördern unser Sättigungsgefühl. Das ist besonders wichtig, um Heißhungerattacken zu vermeiden.
- Fett kannst du in Kombination mit Kohlenhydraten essen, was den negativen Einfluss auf unseren Glukosespiegel abmildert.

## WIE HELFEN UNS BALLASTSTOFFE?

Die gute Nachricht vorweg: Eine blutzuckerstabile Ernährung führt häufig dazu, dass wir mehr Ballaststoffe essen. Ballaststoffe gehören zu der Makronährstoffgruppe der Kohlenhydrate und werden im Gegensatz zu Stärke und Zucker bei der Verdauung nicht in Glukose umgewandelt. Sie unterstützen unsere Darmbakterien, stärken das Mikrobiom und sorgen insgesamt für einen stabilen Blutzuckerspiegel. Ballaststoffe sind zum Beispiel enthalten in Obst, Gemüse, Bohnen, Hülsenfrüchten, Nüssen, Samen und Vollkornprodukten.

Vorteile ballaststoffreicher Lebensmittel:

- Ballaststoffe verlangsamen die Aufnahme von Zucker und Kohlenhydraten im Verdauungstrakt, was zu einer langsameren Freisetzung von Glukose im Blut führt. Das trägt dazu bei, Blutzuckerspitzen zu minimieren oder gar zu vermeiden.
- Ballaststoffe sättigen sehr gut und helfen dabei, das Volumen der Lebensmittel zu erhöhen, sind gleichzeitig aber häufig kalorienarm. Dadurch nehmen wir weniger Kalorien zu uns.
- Ballaststoffe sind Nahrung für unsere Darmbakterien. Diese sind entscheidend für verschiedene Prozesse im Körper und sorgen beispielsweise auch für ein stabiles Immunsystem.

## WÄHLE UNVERARBEITETE LEBENSMITTEL

Der Verzehr von verarbeiteten Lebensmitteln wird häufig mit einem Anstieg des Blutzuckerspiegels in Verbindung gebracht. Das liegt daran, dass diese Lebensmittel meist einfache Kohlenhydrate und somit versteckten Zucker enthalten. Statt verpackte Lebensmittel mit langen Zutatenlisten und kryptischen Zutaten zu kaufen, greifst du besser zu frischen, saisonalen, regionalen Zutaten und kochst selbst.

## AM BESTEN DREI HAUPTMAHLZEITEN

Unser Körper befindet sich nach einer Mahlzeit bis zu vier Stunden im »postprandialen Zustand«. Das ist der Zeitraum, währenddem der Körper die aufgenommene Nahrung verdaut und Nährstoffe aufnimmt. Es ist ein normaler, wichtiger, aber auch anstrengender Prozess für den Körper, weil er sich vor allem nach einer Glukosespitze mit freigesetztem Insulin auseinandersetzen muss. Essen wir drei Hauptmahlzeiten und zusätzlich noch zwischendurch Snacks, befinden wir uns rund 20 bis 24 Stunden des Tages im postprandialen Zustand.

Außerhalb dieses Zustands beginnt unser Körper, viele wichtige Prozesse anzustoßen. Er befindet sich sozusagen im Reinigungs- und Aufräummodus und greift auf seine Energiereserven zurück. Der Fastenzustand setzt ein und die Fettverbrennung wird angeregt. So konnten unsere Vorfahren vor tausenden von Jahren auch über längere Zeit ohne Nahrung auskommen. Sie konnten flexibel zwischen der Energiegewinnung aus der letzten Mahlzeit und aus ihrem Fettspeicher umschalten und waren somit »metabolisch flexibel«. Einen gesunden Stoffwechsel und metabolische Flexibilität kannst du durch den Fokus auf drei Hauptmahlzeiten positiv beeinflussen.

Weitere Vorteile:

- Senkung des Nüchternblutzuckers
- Rückgang der Fettwerte in der Leber
- bessere Gewichtskontrolle
- positiver Einfluss auf die Verdauung

## BEIM ESSEN AUF DEN KÖRPER HÖREN

Stressige Situationen und ein schneller Lebensstil können dazu führen, dass wir verlernen, auf unseren Körper zu hören. Auf Hunger- und Sättigungssignale zu achten, spielt bei intuitivem Essen eine wesentliche Rolle. Die Vermeidung von Ablenkung, zum Beispiel durch digitale Geräte und Medienkonsum, führt zu einem bewussteren Umgang mit unserer Ernährung.

Nehmen wir uns Zeit für unser Essen, genießen wir es mit allen Sinnen und hören wir auf, wenn wir satt sind. Das kann sich positiv auf unseren Glukosespiegel auswirken.

# DEM HEISSHUNGER DEN KAMPF ANSAGEN

Die Vielfalt an verschiedenen Arten von Zucker und Zuckeraustauschstoffen ist enorm. Vom handelsüblichen weißen Zucker bis hin zu Ahornsirup und Kokosblütenzucker sind alle auf die gleichen Moleküle zurückzuführen: Glukose und Fruktose. Natürlichen Zucker als die bessere Wahl anzusehen ist ein Trugschluss, denn im Prinzip ist jeder Zucker »natürlich« und jede Variante wird im Körper in die erwähnten Moleküle aufgespalten.

Zucker ist immer und überall in den verschiedensten Formen und Farben erhältlich und eine zu große Menge hat deutlich negative Auswirkungen auf unsere Gesundheit. Aber wie schaffen wir es, den täglichen Versuchungen zu widerstehen?

Zunächst einmal halte ich persönlich nicht viel von Verboten, denn ein kompletter Verzicht auf Zucker wird langfristig nicht funktionieren. Wir sollten uns aber auf jeden Fall angewöhnen, Zucker nicht aufgrund von Heißhunger zu uns zu nehmen, sondern ihn als »Vergnügen« zu betrachten und in Maßen zu genießen. Damit das besser gelingt, stelle ich dir jetzt ein paar einfache Strategien dazu vor.

## VERMEIDE FRUCHTSÄFTE UND SOFTDRINKS

Auf Fruchtsäfte und Softdrinks solltest du als Teil der blutzuckerstabilen Ernährung verzichten, weil sie oft einen hohen Zuckergehalt haben. Und wie du inzwischen weißt, lässt der den Blutzuckerspiegel schnell ansteigen. Getränke dieser Art enthalten nicht nur Glukose, sondern auch Fruktose, die von der Leber zum Teil in Fett umgewandelt wird.

Im Gegensatz zum Verzehr von ganzen Früchten, die Ballaststoffe enthalten und den Zucker langsamer freisetzen, fehlt dieser »Puffer« in Fruchtsäften häufig. Das kann zu einer übermäßigen Insulinausschüttung führen, die langfristig die Insulinempfindlichkeit beeinträchtigen kann. Gleichzeitig ist bei einer vermehrten Insulinausschüttung die Fettverbrennung gestoppt. Daher empfehle ich dir, auf Fruchtsäfte und Softdrinks zu verzichten und stattdessen auf frische, ballaststoffreiche Früchte als Teil einer ausgewogenen Ernährung zu setzen.

## WÄHLE DAS RICHTIGE OBST

Für einen stabilen Glukosespiegel spielt der Umgang mit Obst eine wichtige Rolle. Obwohl Obst eine gesunde Quelle von Vitaminen, Mineralstoffen und Ballaststoffen ist, solltest du bestimmte Aspekte berücksichtigen.

- Wähle frisches Obst mit einem möglichst niedrigen Zucker- und hohem Ballaststoffgehalt. Beeren, Äpfel und Birnen beispielsweise sind empfehlenswert, um abrupte Blutzuckerspitzen zu vermeiden.
- Trockenfrüchte sind aufgrund ihres hohen Zuckergehalts und ihrer konzentrierten Süße keine ideale Wahl, um deinen Blutzucker stabil zu halten.

- Die Kombination von Obst mit Proteinen oder gesunden Fetten kann ebenfalls dazu beitragen, den Blutzuckeranstieg moderat zu halten.

## VERZICHTE MÖGLICHST AUF SÜSSSTOFFE

Süßstoffe werden oft als Alternative zu Zucker verwendet, weil sie im Allgemeinen kalorienarm oder kalorienfrei sind und den Blutzuckerspiegel nicht signifikant beeinflussen. Allerdings gibt es auch Bedenken bezüglich der langfristigen Auswirkungen einiger Süßstoffe auf die Gesundheit. Mehrere Studien haben mögliche Zusammenhänge zwischen dem Konsum von Süßstoffen und bestimmten Gesundheitsrisiken untersucht. Auswirkungen, wie eine negative Veränderung unseres Mikrobioms im Darm und ein vermehrter Appetit auf »echten« Zucker, führen zu meiner Empfehlung, Süßstoffe, wenn überhaupt, nur in sehr kleinen Mengen zu genießen. Konkret würde ich auf Stevia und Mönchsfrucht zurückgreifen.

## REDUZIERE DEN ZUCKERKONSUM

Hier ein paar Tipps, um Zucker in Maßen zu genießen:

- Oft hilft es schon, mal auf süße Snacks zwischendurch zu verzichten, um den Blutzuckerspiegel stabil zu halten und somit weniger Heißhunger zu bekommen.

- Da Heißhunger häufig eine Reaktion des Körpers ist, der nach einer Blutzuckerspitze und der darauffolgenden Talfahrt des Blutzuckerspiegels auftritt, kann es ratsam sein, zunächst einmal 20 Minuten zu warten, bevor du etwas isst. Eventuell geht der Heißhunger dann von allein weg.
- Spüre in dich hinein, ob du vielleicht gerade gestresst bist oder ob das Essen einer zuckerhaltigen Speise eine Gewohnheit ist. Versuche es in diesem Fall mit einer Atemübung und/oder Meditation.
- Bereite dir eine süßlich schmeckende Teesorte (ohne Honig) zu, um den Heißhunger auf Süßes zu stillen.
- Versuche schon beim Einkaufen, der »Zuckerfalle« zu widerstehen.
- Hebe dir die Süßigkeit als Nachtisch für die darauffolgende Mahlzeit auf.
- Wenn du etwas Süßes isst, iss es langsam und genieße es mit allen Sinnen.
- Reduziere den Zuckeranteil bei Backrezepten für Kekse, Kuchen usw. um 50 Prozent. Das beeinträchtigt den Geschmack kaum und wirkt sich positiv auf den Blutzuckerspiegel aus.

Mithilfe von einfachen Ernährungsregeln, die den Glukosespiegel stabil halten, schaffen wir es, unseren Heißhunger auf Süßes deutlich zu reduzieren. Du findest sie auf den folgenden Seiten.

## 10 BLUTZUCKERFREUNDLICHE ERNÄHRUNGSTRICKS

Meine 10 einfachen Ernährungsregeln für einen stabilen Glukosespiegel basieren auf den neuesten wissenschaftlichen Erkenntnissen und funktionieren für jeden. Probiere sie einfach mal aus.

1. Ein perfekter Start in den Tag: Das blutzuckerfreundliche Frühstück ist einer der effektivsten Tricks überhaupt! Vergiss das süße Croissant, den Haferbrei und die Cornflakes. Für mehr Energie wähle ein Frühstück, das den Glukosespiegel stabil hält. Es enthält als Basis Proteine, zusätzlich Ballaststoffe, gesunde Fette und optional Stärke (zum Beispiel in Form von Brot). Zucker solltest du am Morgen ausschließlich in Form von frischem Obst zu dir nehmen.

Warum? Bei einem stark zucker- und/oder kohlenhydrathaltigen Frühstück starten wir in der Regel direkt mit einer Glukosespitze in den Tag. Dadurch fühlen wir uns schnell müde und bekommen Heißhunger. Es fällt uns schwer, über den Rest des Tages »gesunde« Essens-Entscheidungen zu treffen und wir greifen immer wieder zu Snacks – ein Teufelskreis gepaart mit der Achterbahnfahrt des Blutzuckerspiegels. Frühstücken wir hingegen herzhaft und proteinreich, hält das unseren Glukosespiegel stabil, hilft gegen Heißhunger und gibt uns einen richtigen Energieschub für den Start in den Tag. Ein blutzuckerfreundliches Frühstück diktiert somit den Tagesverlauf deines Blutzucker- und Insulinspiegels.

Lass dich von den Rezepten in diesem Buch inspirieren. Am besten überlegst du schon am Vorabend, was du frühstücken möchtest, und bereitest es bei Bedarf vor.

2. Auf die Reihenfolge kommt es an: Iss deine Mahlzeiten in der richtigen Reihenfolge: zuerst das Gemüse, danach Proteine und gesunde Fette und erst am Ende Kohlenhydrate. Studien haben gezeigt, dass »die richtige Reihenfolge« die Glukosespitze um bis zu 73 Prozent verringern kann.

Warum? Die enorme Wirkung dieses Tricks hat mit unserer Verdauung zu tun. Führen wir einem leeren Magen zuerst Kohlenhydrate zu, strömen diese direkt weiter in den Darm, wo sie in Glukosemoleküle aufgespalten werden und sehr schnell in den Blutkreislauf gelangen. Es kommt zu einer Glukosespitze. Essen wir zuerst Ballaststoffe in Form von Gemüse, verlangsamen diese die Aufspaltung und Aufnahme der Glukose – die Glukosespitze fällt geringer aus.

3. Profitiere von den Ballaststoffen: Starte deine Hauptmahlzeit mit einer Gemüse-Vorspeise. Hierzu findest du viele leckere Rezepte im Buch. Dieser Trick eignet sich besonders für Mahlzeiten, die sich schwer in der »richtigen« Reihenfolge essen lassen. Es geht darum, eine Hauptmahlzeit durch eine »Gemüse-Vorspeise« zu ergänzen. Du kannst zum Beispiel auch schon während des Kochens ein wenig Rohkost snacken.

Warum? Die Wirkung der Ballaststoffe kommt auch hier ins Spiel. Ballaststoffe werden im Verdauungstrakt nicht in Glukose umgewandelt und sorgen dafür, dass eine darauffolgende kohlenhydratreiche Mahlzeit keinen so starken Effekt auf den Glukosespiegel hat.

4. Zucker ist immer gleich: Das Angebot von Zucker variiert enorm. Es gibt die verschiedensten Arten, aus unterschiedlichen Quellen, Konsistenzen und Farben. Wenn ich hier alle Arten von Zucker auflisten würde, könnte ich nur allein damit sicherlich eine ganze Seite füllen. Wichtig ist: Zucker ist, egal in welcher Form und aus welcher Quelle er stammt, immer gleich.

Warum? Brauner Zucker, Tafelzucker, Honig – auf molekularer Ebene gibt es keine Unterschiede zwischen all diesen Varianten. Denn während der Verdauung zerfällt Zucker in genau die zwei Moleküle, aus denen er besteht: Fruktose und Glukose. Es gibt somit keinen guten oder schlechten Zucker. Deshalb gilt es, Zucker in Maßen zu genießen. Die blutzuckerstabile Ernährung hilft dabei, Heißhunger auf Süßes zu reduzieren. Und der nächste Tipp zeigt, wie sich Zucker nicht ganz so stark auf deine Glukosekurve auswirkt.

5. Zucker als Genuss: Genieße Zucker als Nachtisch statt zwischendurch. Um unserem Körper zwischen den Mahlzeiten ausreichend Pausen zu geben, ist es besser, sich auf drei sättigende Mahlzeiten zu beschränken (Seite 12). Etwas Süßes solltest du daher nur im Anschluss an eine Hauptmahlzeit essen statt zwischendurch auf leeren Magen.

Warum? Ständiges Snacken führt dazu, dass sich unser Körper seltener im Fettverbrennungsmodus befindet. Unser Verdauungssystem bekommt nicht genügend Zeit für die nötigen Reinigungsprozesse. Zudem führt ein süßer Snack, zwischendurch auf leeren Magen gegessen, zu einer Glukosespitze mit unerwünschten Folgen.

6. Kalorien sind nicht alles: Lange wurde am »Kalorien-Mythos« festgehalten und vor allem beim Thema Abnehmen das Kaloriendefizit als die einzig wahre Methode angepriesen. Heute weiß man, dass es nicht nur um die Kalorien geht, die wir zu uns nehmen, sondern vor allem auch um die Zusammensetzung der Lebensmittel. Können wir also aufhören, Kalorien zu zählen und trotzdem abnehmen? Ja, das geht, solange wir uns um eine flache Glukosekurve bemühen. Dabei helfen die hier genannten Tricks.

Warum? Die Molekülzusammensetzung der Lebensmittel ist viel wichtiger als die Kalorien. Hierzu ein kleines Beispiel: Zwei Mini-Tüten Gummibärchen enthalten 70 kcal, die gleiche Anzahl an Kalorien enthält ein kleines gekochtes Ei. Die Bärchen werden eine Glukosespitze auslösen, mit unerwünschten Folgen wie Müdigkeit und Heißhunger. Das Ei dagegen sorgt für einen stabilen Glukosespiegel.

7. Wundermittel Apfelessig: Jetzt verrate ich dir einen der besten und einfachsten Tricks, um den Glukosespiegel (und auch den Insulinspiegel) stabil zu halten: Trinke einen Esslöffel Apfelessig verdünnt in einem großen Glas Wasser. Apfelessig hilft gegen Heißhungerattacken und kurbelt die Fettverbrennung an. Seit Jahrhunderten ist das ein fester Bestandteil in vielen Kulturen. Die Gründe für die gesundheitlichen Vorteile hat man jedoch erst in den letzten Jahren herausgefunden. Neben Apfelessig eignen sich auch andere Essigsorten ohne Zucker und mit mindestens fünf Prozent Essigsäure.

Warum? Vor einer Mahlzeit getrunken, sorgt der Essig dafür, dass die Glukose langsamer in den Blutkreislauf gelangt. Unsere Muskeln nehmen die Glukose schneller auf und sie zirkuliert kürzer im Blut. Das bedeutet: Die Glukosespitze ist bis zu 30 Prozent geringer oder bleibt sogar aus.

8. Bewegung nach dem Essen: Ein Hoch auf den Verdauungsspaziergang! Dieser Trick ist besonders wirkungsvoll, um dem Nachmittagstief entgegenzuwirken. Auch andere Formen der Bewegung funktionieren, solange du dich nach der Mahlzeit mindestens 10 Minuten lang bewegst.

Warum? Wenn wir unsere Muskeln benutzen, verwenden sie die überschüssige Glukose (zum Beispiel von einem kohlenhydratreichen Mittagessen oder einem Stück Kuchen) als Energie für die ausgeführte Tätigkeit und minimieren so die Blutzuckerspitze.

9. Snacken, aber richtig: Generell sollten wir uns möglichst auf drei Hauptmahlzeiten beschränken und auf Snacks verzichten, um unserem Körper genug Zeit für die Verdauung zu geben (Seite 12). Wenn uns zwischendurch doch mal der Hunger packt, sollten wir für eine flache Glukosekurve immer auf einen herzhaften (statt einen süßen) Snack zurückgreifen.

Warum? Ein süßer Snack zwischendurch führt, wie bereits beschrieben, in den meisten Fällen zu einer Glukosespitze.

Wählen wir hingegen einen herzhaften, kohlenhydratarmen Snack, sorgen wir für eine flache Kurve und weniger Heißhunger. Das können zum Beispiel Gemüsesticks mit einem Dip sein, etwas Käse oder ein gekochtes Ei.

10. Die richtige Kombination: Um die Auswirkungen von Glukose im Körper zu minimieren, empfiehlt es sich, Kohlenhydrate mit Fett, Proteinen und/oder Ballaststoffen zu kombinieren.

Warum? Essen wir unsere Kohlenhydrate »nackt«, werden sie im Körper direkt in Glukose umgewandelt und sorgen für einen schwankenden Glukosespiegel. Kombinieren wir sie dagegen mit Fett, Proteinen und/oder Ballaststoffen, sorgen wir dafür, dass sich die Glukoseaufnahme verlangsamt und die Spitze geringer ausfällt. Eine perfekte Kombination ist zum Beispiel Obst mit Nussmus.

Natürlich kannst du alle Tricks beliebig miteinander kombinieren. Jede neue Mahlzeit bietet eine neue Gelegenheit, wieder einen (oder mehrere) der Tricks anzuwenden. Ein perfekter Tag startet für mich zum Beispiel mit einem blutzuckerstabilen Frühstück (Seite 15), das mich bis zum Mittagessen satt hält. Während ich mein Mittagessen zubereite, trinke ich ein großes Glas Wasser mit Apfelessig (Seite 17) und esse etwas Rohkost (Gemüse-Vorspeise, Seite 16). Das Mittagessen esse ich »in der richtigen Reihenfolge« (Seite 16) und gönne mir als Nachtisch noch ein kleines Stück dunkle Schokolade (Seite 16). Ein kurzer Spaziergang im Anschluss (Seite 17) gibt mir Energie und sorgt für eine stabile Kurve. Am Abend gibt es für mich einen bunten Salat (Gemüse-Vorspeise) und danach Vollkornbrot mit einem Belag, der Fette und Proteine enthält (links) .

## DIE 9 BESTEN LEBENSMITTEL FÜR DEN BLUTZUCKER

Nüsse und Samen sind aus der blutzuckerstabilen Ernährung nicht wegzudenken. Meine Favoriten unter den Nüssen sind (aufgrund der idealen Nährstoffzusammensetzung) Walnüsse und Mandeln. Nüsse enthalten viele gesunde Fette wie Omega-3-Fettsäuren und ungesättigte Fettsäuren. Zudem führen die enthaltenen Proteine und Fette zu einem langsamen Abbau von Kohlenhydraten im Verdauungstrakt. Von den Samen verwende ich häufig Chiasamen, Hanfsamen und geschrotete Leinsamen, die allesamt positive Effekte auf den Glukosespiegel haben. Mein Tipp: Ein paar Nüsse vor einer kohlenhydrathaltigen Mahlzeit gegessen (denn Zucker gehört zu den Kohlenhydraten), reduzieren die darauffolgende Glukosespitze. Auch Nussmus (ohne Zucker) eignet sich als perfekte Ergänzung zu einer ausgewogenen Ernährung. Zum Snacken zwischendurch oder als Topping für Salate oder Müslis sind sie ebenfalls eine gute Wahl.

NÜSSE UND SAMEN

ESSIG

BEEREN

QUINOA

BLATTSALATE

EIER

GRÜNES GEMÜSE

FISCH

VOLLKORNPRODUKTE

**Essig:** Apfelessig gilt in vielen Kulturen schon seit Jahrhunderten als fester Bestandteil der täglichen Ernährung. In den vergangenen Jahren konnte man anhand von Studien belegen, dass Apfelessig positive Auswirkungen auf den Glukosespiegel hat. Besonders effektiv wirkt er, wenn er vor einer kohlenhydratreichen Mahlzeit getrunken wird. Er kann zu einer Reduzierung der darauffolgenden Glukosespitze um bis zu 30 Prozent führen. Apfelessig enthält meist fünf Prozent Essigsäure (unbedingt auf zuckerfreie Sorten zurückgreifen!), die den Abbau von Zucker und Stärke zu Glukose verlangsamt und die Glukoseaufnahme durch die Muskeln erhöht. Dadurch zirkuliert weniger Glukose im Blut, was sich positiv auf den Glukosespiegel auswirkt. Balsamicoessig im Salatdressing (nicht die sirupartige Variante!) hat einen ähnlichen Effekt.

**Beeren:** Himbeeren, Heidelbeeren, Brombeeren, Stachelbeeren und Erdbeeren bringen Farbe und leichte Süße in die Glukose-Balance-Küche. Die Beerensaison startet in der Regel im Frühjahr und zieht sich bis weit in den Sommer. Im Winter kannst du auch auf (ungezuckerte) gefrorene Beeren zurückgreifen, beispielsweise als Zutat für Müslis, Smoothies und Desserts. Im Vergleich zu anderen Obstsorten enthalten Beeren weniger Zucker, dafür aber mehr Ballaststoffe. Zudem sind sie reich an Antioxidantien, Vitaminen und Mineralien. Zusätzlich haben sie entzündungshemmende Eigenschaften.

**Quinoa** sind kleine Samen, die aus der Quinoapflanze stammen, im Vergleich zu anderen Getreidesorten kein Gluten enthalten und daher auch für Menschen mit Glutenunverträglichkeit geeignet sind. In der blutzuckerstabilen Küche punkten sie gleich mit mehreren Vorteilen: Sie enthalten komplexe Kohlenhydrate, die im Vergleich zu einfachen Kohlenhydraten langsamer verdaut werden. Dabei verläuft die Freisetzung von Glukose langsam, was sich positiv auf den Glukosespiegel auswirkt. Zudem ist Quinoa eine hervorragende Proteinquelle und enthält mit 13 g Protein (auf 100 g) mehr Proteine als Weizen oder Roggen. Quinoa enthält alle neun essenziellen Aminosäuren, die unerlässlich für eine ausgewogene Ernährung sind. Ein weiterer Pluspunkt ist der hohe Ballaststoffgehalt, der sich zusätzlich positiv auf einen stabilen Glukosespiegel auswirkt.

**Blattsalate** wie Spinat, Feldsalat, Rucola, Romana-Salat oder anderes grünes Blattgemüse sind unerlässlich, wenn wir unseren Glukosespiegel stabil halten wollen. Sie enthalten kaum Kohlenhydrate, dafür jedoch reichlich Ballaststoffe und eine hohe Nährstoffdichte an Vitaminen, Mineralien und Antioxidantien. Isst du Blattsalate vor einer kohlenhydratreichen Mahlzeit, sorgen sie für einen stabilen Glukosespiegel und, weil du schneller satt bist, häufig auch für eine geringere Kohlenhydrataufnahme. Vorsicht vor fertigen Salatdressings aus dem Supermarkt: Sie enthalten meist Zucker.

**Eier** enthalten hochwertige Proteine, die, wie du bereits weißt, einen wichtigen Bestandteil der Glukose-Balance-Küche darstellen. Für einen optimalen Start in den Tag eignet sich ein herzhaftes Frühstück zum Beispiel mit einem Eiergericht. Es beugt gegen Heißhunger vor, hält lange satt und gibt Energie. Eier sind reich an Nährstoffen wie Vitaminen, Mineralien und Antioxidantien, die dazu beitragen, den Körper mit wichtigen Nährstoffen zu versorgen. Sie enthalten zudem gesunde Fette, darunter Omega-3-Fettsäuren, die entzündungshemmende Eigenschaften haben und die Insulinempfindlichkeit verbessern können.

Grünes Gemüse wie Brokkoli, Avocado, Gurke, Zucchini, aber auch Sellerie sind wahre Nährstoff-Booster und essenziell in der Glukose-Balance-Küche. Für einen stabilen Blutzucker solltest du es in Form einer Vorspeise oder als Bestandteil des Hauptgerichts zu dir nehmen. Grünes Gemüse enthält viele Ballaststoffe und führt somit zu einer langsameren Glukosefreisetzung. Avocados punkten mit gesunden einfach ungesättigten Fettsäuren, die lange satt halten und eine ideale Ergänzung der glukosestabilen Ernährung darstellen.

Fisch hat viele gesundheitliche Vorteile und vor allem positive Effekte auf den Glukosespiegel. Er enthält wenig bis keine Kohlenhydrate, dafür aber reichlich Proteine. Sie helfen dabei, den Glukosespiegel stabil zu halten, indem sie den Glukoseanstieg nach der Mahlzeit reduzieren und das Sättigungsgefühl fördern. Fettreicher Fisch wie Lachs, Makrele, Hering oder Sardinen enthalten viele Omega-3-Fettsäuren, die entzündungshemmende Eigenschaften haben und die Insulinempfindlichkeit verbessern können. Ich empfehle einen moderaten Fischkonsum von qualitativ hochwertigem Fisch einmal pro Woche.

Vollkornprodukte: Produkte aus Vollkorn, wie Vollkornbrot, Vollkornnudeln, Vollkornreis und Haferflocken lassen den Glukosespiegel langsamer ansteigen. Sie sind eine hervorragende Quelle für Ballaststoffe, die verdauungsfördernd wirken, blutzuckerregulierend sind und schneller sättigen. Bei Vollkornbrot empfehle ich, auf eine Sorte mit Sauerteig zurückzugreifen, weil jüngste Studien positive Effekte des Sauerteigs auf den Blutzuckerspiegel aufzeigen konnten. Generell solltest du Vollkornprodukte im Rahmen der blutzuckerfreundlichen Ernährung immer mit Proteinen kombinieren, weil die enthaltenen Kohlenhydrate sonst zu einem stärkeren Anstieg des Glukosespiegels führen können.

## WICHTIG

Keiner der Tipps in diesem Buch ersetzt eine ärztliche Beratung. Wenn du an Krankheiten leidest und/oder Medikamente einnimmst, sprich mit deinem Arzt oder deiner Ärztin, bevor du meine Empfehlungen umsetzt.

# ZU DEN REZEPTEN IN DIESEM BUCH

Meine Rezepte sind eine bunte Mischung aus einfachen Alltagsrezepten mit maximal sechs Zutaten und einer schnellen Zubereitung. Sie stammen teils aus meinem eigenen Rezeptrepertoire der letzten Jahre, teils wurden sie innerhalb der Familie weitergereicht.

Frühstück: Alle Rezepte erfüllen die Anforderungen eines blutzuckerfreundlichen Frühstücks. Sie enthalten als Basis Proteine, die sich stabilisierend auf den Blutzucker auswirken und uns lange satt halten. Dazu kommen Ballaststoffe aus Beeren oder Gemüse und gesunde Fette. Einige Rezepte sind ideal für unter der Woche, wenn es schnell gehen muss. Andere eignen sich für ein ausgiebiges Frühstück am Wochenende.

Vorspeisen: Die »Gemüse-Vorspeise« bildet einen zentralen Bestandteil der Glukose-Balance-Küche. Vor einer kohlenhydrathaltigen Hauptmahlzeit gegessen (zum Beispiel vor einem Nudelgericht), sorgt sie für einen stabilen Blutzuckerspiegel. An Gemüse ist so gut wie alles erlaubt. Und für eine erste Sättigung kannst du die grüne Vorspeise auch schon mit Proteinen ergänzen.

Hauptgerichte: Von Reisen inspiriert, erwartet dich in dieser Kategorie eine bunte Auswahl an leckeren Gerichten. Du wirst orientalische, italienische und klassische Gerichte finden. Enthält das Rezept Kohlenhydrate (zum Beispiel aus Kartoffeln, Nudeln oder Reis), empfehle ich, das Gericht in der richtigen Reihenfolge zu essen (Seite 16). Alternativ kannst du auch vorher eine Gemüsevorspeise wählen.

Desserts: Auch ein Dessert ist in der blutzuckerstabilen Ernährung erlaubt. Iss es idealerweise direkt nach dem Hauptgang. Meine Dessert-Rezepte sind zuckerreduziert und enthalten häufig eine Protein- und/oder Fett-Komponente als Zutat, um den Effekt des enthaltenen Zuckers auf unseren Blutzucker zu reduzieren. Die Wahl des Zuckers ist dabei reine Geschmackssache. Du weißt ja: Jede Art von Zucker hat dieselben Auswirkungen auf unseren Glukosespiegel (Seite 16).

# EINKAUFSLISTE

So kann eine Einkaufsliste aussehen, die deinen Blutzucker stabil hält:

Salate
grünes Gemüse
Möhren, Paprika
Kichererbsen + Linsen
Beeren →

Äpfel
unbehandelte Zitronen

Milchprodukte (oder Alternativen) wie
Joghurt, Quark, Käse,
körniger Frischkäse Butter
Eier
Fisch und Fleisch in guter Qualität
Tofu
Nüsse und Samen  + Nussmus
Quinoa oder Vollkornreis
ungesüßtes Proteinpulver
Apfelessig
Dijon-Senf
Gemüsebrühpulver
Kräuter und Gewürze:

italienische Kräuter, Currypulver,
Paprikapulver, Zimt 
Vollkorn-Sauerteigbrot

Folgende Zutaten solltest du immer zu Hause haben:
Olivenöl, Balsamicoessig, Salz und Pfeffer

# Die REZEPTE

# CHIA-KOKOS-PUDDING

*6 El*
(CA. 60 G) CHIASAMEN

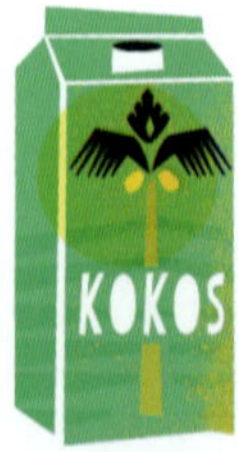


*300 ml*
KOKOSDRINK

*2 El*
KOKOSRASPEL

*1 TL*
VANILLEEXTRAKT

*150 g*
ERDBEEREN

*25 g*
WALNÜSSE

2 PORTIONEN
15 MIN. + MIND.
1 STD. QUELLEN

Chiasamen, Kokosdrink, -raspel und Vanille in einem luftdichten Gefäß gut verrühren. • Kurz stehen lassen und nach ca. 10 Min. verschlossen im Kühlschrank für mind. 1 Std., idealerweise über Nacht quellen lassen. • Erdbeeren putzen und kleinschneiden. • Walnüsse hacken. • Chia-Pudding auf zwei Schalen verteilen. • Mit Erdbeeren und Walnüssen servieren.

# OVERNIGHT-MÜSLI MIT BEEREN

*4 El*
KERNIGE HAFERFLOCKEN

*4 El*
SOJAFLOCKEN

*2 El*
GESCHROTETE LEINSAMEN

*2 El*
NUSSMUS (Z. B. ERDNUSS- ODER MANDELMUS)

*300 ml ungesüßter*
MANDELDRINK

*150 g*
BEEREN (FRISCH ODER TIEFGEKÜHLT)

2 PORTIONEN
5 MIN. + ÜBER NACHT QUELLEN + 5 MIN.

Haferflocken, Sojaflocken, Leinsamen, Nussmus und Mandeldrink in einem luftdichten Gefäß gut verrühren. • Verschlossen über Nacht im Kühlschrank quellen lassen. • Vor dem Verzehr Beeren in einem kleinen Topf mit 2 EL Wasser erhitzen. • Mit einem Löffel zerkleinern. • Rühren, bis eine dickflüssige Konsistenz entsteht. • Müsli in zwei Schalen geben. • Warme Beeren darauf verteilen.

# JOGHURT MIT BANANE UND BEEREN

*300 g*
GRIECHISCHER JOGHURT

*30 g*
MANDELN

*1 kleine*
BANANE

*150 g*
HIMBEEREN

*150 g*
HEIDELBEEREN

*Saft von ½*
ZITRONE

2 PORTIONEN
10 MIN.

Joghurt auf zwei Schalen verteilen. • Mandeln hacken. • Banane kleinschneiden. • Beeren waschen. • Mit Banane, Zitronensaft und Mandeln vermengen. • Auf den Joghurt geben und genießen.

TIPP: Nicht ganz reife, grünliche Bananen enthalten weniger Zucker als sehr reife Bananen und sind somit die bessere Wahl.

# GLUKOSE-BALANCE-GRANOLA

*1 El*
KOKOSÖL

*1 TL*
GEMAHLENER ZIMT

*50 g*
PEKANNÜSSE

*50 g*
MANDELN

*50 g*
CASHEWKERNE

*50 g*
KOKOSCHIPS

AUS DEM VORRAT: SALZ

4 PORTIONEN
5 MIN. + 10 MIN. BACKEN

Backofen auf 180 °C Umluft vorheizen. • Kokosöl erwärmen, bis es flüssig ist. • In einer Schüssel mit Zimt und 1 Prise Salz verrühren. • Nüsse und Kerne grob hacken. • Gründlich mit der Kokosöl-Zimt-Mischung vermengen. • Masse auf einem Backblech 7–10 Min. goldbraun rösten. • Pur oder mit Naturjoghurt und Beeren genießen.

Ein echtes
Wundermittel:
Zimt
dämpft den Heißhunger
auf Süßes.
Frühstück

# PROTEIN-PANCAKES

3 El
MEHL

3 El
NEUTRALES PROTEINPULVER

1
EI

¼ TL
BACKPULVER

50 ml
MILCH

¼
BANANE

AUS DEM VORRAT: OLIVENÖL

1 PORTION
10. MIN.

Mit einem Mixer alle Zutaten außer Öl zu einem cremigen Teig pürieren. • Wenn der Teig zu trocken ist, 1 EL Milch hinzugeben. • In einer Pfanne etwas Öl erhitzen. • Mit einem Esslöffel drei Pancakes portionieren. • Pancakes goldbraun backen.

TIPP: Mit Beeren und etwas Nussmus servieren.

# OMELETT MIT FETA UND SPINAT

4
EIER

6
KIRSCHTOMATEN

50 g
BLATTSPINAT (FRISCH ODER TIEFGEKÜHLT)

50 g
FETAKÄSE

AUS DEM VORRAT: SALZ · PFEFFER · OLIVENÖL

2 PORTIONEN
15 MIN.

Eier verquirlen, salzen und pfeffern. • Tomaten waschen und halbieren. • In einer Pfanne 1 TL Öl erhitzen. • Spinat hinzugeben, bis er zusammenfällt (tiefgekühlten Spinat auftauen). • Mit Eiern übergießen, Hitze reduzieren, mit einem Deckel abdecken. • Nach 2–3 Min. Feta darüberbröseln. • Tomaten darauf verteilen. • Abgedeckt weitergaren, bis die Eier oben nicht mehr flüssig sind. • Mithilfe eines Tellers einmal wenden.

# SCHOKO-PROTEIN-SMOOTHIE

*200 ml zuckerfreier*
MANDELDRINK

*1 Stück*
DUNKLE SCHOKOLADE (MIND. 75 % KAKAO)

*½*
BANANE

*1 El*
ERDNUSSMUS

*1 doppelter*
ESPRESSO

*2 El*
VANILLE-PROTEINPULVER

1 PORTION
3 MIN.

Alle Zutaten für 2 Min. auf hoher Stufe in einem Hochleistungsmixer mixen. • Sofort genießen.

TIPP: Für die perfekte Konsistenz Banane ohne Schale vorher tiefkühlen.

# HEIDELBEER-PROTEIN-SMOOTHIE

*100 g tiefgekühlte*
HEIDELBEEREN

*2 EL*
VANILLE-PROTEINPULVER

*1 EL*
MANDELMUS

*1 EL geschälte*
LEINSAMEN

*¼*
BANANE

*200 ml ungesüßter*
MANDELDRINK

1 PORTION
3 MIN.

Alle Zutaten 2 Min. auf hoher Stufe in einem Hochleistungsmixer mixen. • Sofort genießen.

# Reich an Proteinen, Ballaststoffen und gesunden Antioxidantien: perfektes glukosestabiles Frühstück.

# GEMÜSE-FRITTATA

*100 g*
ROTE PAPRIKA

*1 kleine*
ZWIEBEL

*100 g*
ERBSEN

*4*
EIER

*50 ml*
MILCH

*25 g geriebener*
PARMESAN

AUS DEM VORRAT: OLIVENÖL · SALZ · PFEFFER

2 PORTIONEN
5 MIN. + 20 MIN. BACKEN

Ofen auf 180°C vorheizen. • Paprika waschen und würfeln. • Zwiebel fein hacken. • In einer Pfanne in 1 TL Öl glasig anbraten. • Paprikawürfel und Erbsen kurz mitdünsten. • Mit Salz und Pfeffer würzen. • In einer Schüssel Eier mit Milch, Parmesan, Salz und Pfeffer verquirlen. • Gemüse in eine kleine, ofenfeste Form geben. • Mit der Eiermasse übergießen. • Ca. 20 Min. goldbraun backen. • Warm oder kalt genießen.

# MEXIKANISCHE FRÜHSTÜCKSBOWL

*150 g*
QUINOA

*50 g*
TOMATEN

*100 g*
KIDNEYBOHNEN

*1 genussreife*
AVOCADO

*1 TL*
LIMETTENSAFT

*2*
EIER

AUS DEM VORRAT: SALZ · PFEFFER · OLIVENÖL

2 PORTIONEN
10 MIN.

Quinoa nach Packungsanleitung kochen. • Tomaten waschen und würfeln. • Bohnen abspülen und abtropfen lassen. • Avocado entkernen und mit einer Gabel fein zerdrücken. • Mit Tomaten, Limettensaft, Salz und Pfeffer mischen. • In einer Pfanne 1 TL Öl erhitzen. • Kidneybohnen rundherum anbraten, mit Salz und Pfeffer würzen. • In eine Schüssel geben. • Zwei Spiegeleier braten. • Mit Quinoa, Avocadomischung und Bohnen anrichten.

Frühstück

# ITALIENISCHE FRÜHSTÜCKSBOWL

*100 g*
VOLLKORNREIS

*1*
ORANGE

*2 EL*
GESCHÄLTE PISTAZIEN

*50 g*
FRISCHER SPINAT

*2*
EIER

*4 EL*
RICOTTA

AUS DEM VORRAT: OLIVENÖL · SALZ · PFEFFER

2 PORTIONEN
20 MIN.

Reis nach Packungsanleitung kochen. • ½ Orange filetieren, beiseitestellen. • Die andere Hälfte auspressen. • Mit 2 EL Öl, Salz und Pfeffer gut verrühren. • Pistazien hacken, in einer Pfanne rösten. • Spinat waschen. • Eier in 6 Min. wachsweich kochen, pellen, halbieren. • Reis in 2 Schalen geben. • Spinat, Orangenfilets und jeweils ein Ei dazugeben. • Pistazien, Ricotta und Dressing darübergeben. • Mit Salz und Pfeffer würzen.

Protein-Booster Eier:
für lang anhaltende Energie
und Sättigung – perfekt für
den Start in den Tag.

# FRÜHSTÜCKS-WRAP

½ genussreife
AVOCADO

1
TOMATE

1
EI

1 EL
MILCH

1
VOLLKORN-TORTILLA

2
ROMANA-SALAT-BLÄTTER

AUS DEM VORRAT: SALZ · PFEFFER · OLIVENÖL

1 PORTION
10 MIN.

Avocadofruchtfleisch in Streifen schneiden. • Tomate waschen und würfeln. • Ei mit Milch verquirlen, salzen und pfeffern. • 1 TL Öl in einer großen Pfanne erhitzen. • Ei-Mischung darin kurz stocken lassen. • Tortilla auf die Ei-Mischung legen. • Wenn das Ei unter der Tortilla fertig ist, wenden und auf der anderen Seite braten. • Herausnehmen. • Mit Salat, Avocado und Tomate belegen. • Salzen, pfeffern und zusammenrollen.

# BROT MIT AVOCADO UND HÜTTENKÄSE

*2*
EIER

*½ genussreife*
AVOCADO

*2 Scheiben*
VOLLKORN-SAUERTEIGBROT

*100 g*
HÜTTENKÄSE

AUS DEM VORRAT: SALZ · PFEFFER

2 PORTIONEN
10 MIN.

Eier in ca. 6 Min. wachsweich kochen. • Avocadofruchtfleisch in dünne Scheiben schneiden. • Brot im Toaster rösten und auf zwei Teller verteilen. • Brot mit Hüttenkäse bestreichen. • Avocado darauf verteilen. • Eier schälen, halbieren und das Brot damit belegen. • Mit Salz und Pfeffer würzen und genießen.

# BABYSPINAT MIT ROTER BETE

*100 g*
BABYSPINAT

*2 gekochte*
ROTE BETE

*1*
ORANGE

*1*
APFEL

*1 TL*
DIJON-SENF

*50 g*
RETTICHSPROSSEN

AUS DEM VORRAT: OLIVENÖL · BALSAMICOESSIG · SALZ · PFEFFER

2 PORTIONEN
20 MIN.

Spinat waschen. • Rote Bete in dünne Scheiben schneiden oder hobeln. • Orange filetieren. • Apfel in dünne Scheiben schneiden. • Gemüse und Obst auf 2 Tellern anrichten. • 2 EL Olivenöl, 1 EL Essig, Salz, Pfeffer und Senf zu einem cremigen Dressing verrühren. • Über den Salat geben. • Mit Sprossen garnieren.

# FELDSALAT MIT CHAMPIGNONS

*100 g*
FELDSALAT

*1 kleine*
SCHALOTTE

*2 EL*
WALNÜSSE

*2 Stängel*
PETERSILIE

*200 g*
CHAMPIGNONS

*1 TL*
DIJON-SENF

AUS DEM VORRAT: OLIVENÖL · BALSAMICOESSIG · SALZ · PFEFFER

2 PORTIONEN
20 MIN.

Feldsalat waschen. • Schalotte schälen und fein würfeln. • Walnüsse und Petersilie grob hacken. • Champignons putzen und je nach Größe vierteln. • In einer Pfanne in 1 TL Olivenöl goldbraun anbraten. • Salat anrichten. • Darauf gebratene Champignons, Zwiebelwürfel und Walnüsse verteilen. • 2 EL Olivenöl, 1 EL Essig, Salz, Pfeffer und Dijon-Senf zu einem cremigen Dressing verrühren. • Über den Salat geben.

# RUCOLA-FENCHEL-SALAT

*100 g*
RUCOLA

*1*
FENCHEL

*30 g*
PARMESAN

*Saft und Abrieb von ½*
ZITRONE

*Saft von ½*
ORANGE

*1 TL*
DIJON-SENF

AUS DEM VORRAT: OLIVENÖL · SALZ · PFEFFER

2 PORTIONEN
15 MIN.

Gemüse waschen und putzen. • Fenchel in ganz feine Streifen hobeln. • Hälfte des Parmesans hobeln, Rest fein reiben. • Geriebenen Parmesan, Zitronensaft und -abrieb, Orangensaft, Senf, 3 EL Olivenöl, Salz und Pfeffer vermengen. • Rucola auf zwei Tellern anrichten. • Fenchel darübergeben. • Mit dem Dressing mischen. • Mit Salz und Pfeffer abschmecken. • Mit Parmesanhobeln garnieren.

# FELDSALAT MIT AVOCADO

*100 g*
FELDSALAT

*1 genussreife*
AVOCADO

*1 gekochte*
ROTE BETE

*100 g*
RÄUCHERTOFU

*200 g*
KICHERERBSEN (GLAS)

*1 TL*
DIJON-SENF

AUS DEM VORRAT: OLIVENÖL · BALSAMICOESSIG · SALZ · PFEFFER

2 PORTIONEN
10 MIN.

Feldsalat waschen. • Avocado halbieren, entkernen, in Scheiben schneiden. • Rote Bete und Tofu würfeln. • Kichererbsen waschen, abtropfen lassen. • Für das Dressing 3 EL Olivenöl, 1 EL Essig, Salz, Pfeffer und Senf cremig rühren. • Salat auf 2 Tellern verteilen. • Avocado, Rote Bete, Tofu und Kichererbsen darauf anrichten. • Mit dem Dressing vermengen. • Etwas Balsamicoessig darüberträufeln. • Mit Salz und Pfeffer abschmecken.

**Salat** vor einer **kohlenhydratreichen Mahlzeit** verlangsamt den **Blutzuckeranstieg** spürbar.

# CHICORÉE-APFEL-SALAT

100 g
WILDKRÄUTERSALAT-
MISCHUNG

1
CHICORÉE

1 kleiner
APFEL

1 kleiner
RETTICH

½ unbehandelte
ORANGE

1 TL
DIJON-SENF

AUS DEM VORRAT: OLIVENÖL · SALZ · PFEFFER

2 PORTIONEN
20 MIN.

Salatzutaten waschen und putzen. • Chicorée vierteln, Strunk entfernen und kleinschneiden. • Apfel vierteln, entkernen und in kleine Scheiben schneiden. • Rettich fein hobeln. • Orangenschale abreiben, Saft auspressen. • Aus 1 EL Orangensaft, ½ TL Abrieb, 2 EL Olivenöl, Dijon-Senf, Salz und Pfeffer ein Dressing herstellen. • Salatzutaten auf zwei Tellern anrichten. • Mit dem Dressing servieren.

# POWER-GARNELEN-SALAT

*1*
ROMANA-SALATHERZ

*2 mittelgroße*
KAROTTEN

*1 Bund*
GRÜNER SPARGEL

*200 g*
GESCHÄLTE GARNELEN

*1*
ROTE ZWIEBEL

*1 TL*
ITALIENISCHE KRÄUTER

AUS DEM VORRAT: OLIVENÖL · SALZ · PFEFFER

2 PORTIONEN
25 MIN.

Salat, Karotten und Spargel waschen. • Garnelen abspülen, trocken tupfen. • Zwiebel pellen. • Spargelenden abschneiden, Stangen in 1-cm-Stücke schneiden. • Salat, Zwiebel und Karotten kleinschneiden. • Gemüse mit Kräutern in 1 EL Öl ca. 10 Min. anbraten, bis es gebräunt und bissfest ist. • Salzen und pfeffern. • Garnelen in 1 EL Öl ca. 5 Min. scharf anbraten. • Salzen und pfeffern. • Salat mit Gemüse und Garnelen anrichten.

# WARMER ROMANA-SALAT

*2 große*
KAROTTEN

*2 kleine*
ROMANA-SALATHERZEN

*1 Stängel*
BASILIKUM

*½ unbehandelte*
ZITRONE

AUS DEM VORRAT: OLIVENÖL · SALZ · PFEFFER

2 PORTIONEN
25 MIN.

Karotten waschen, schälen, in Stücke schneiden. • Salat waschen, halbieren. • Basilikumblätter grob hacken. • Möhren in 1 EL Öl anbraten. • Salzen, pfeffern. • Sind sie bissfest, Salathälften mit der Schnittfläche nach unten kurz mitbraten. • Zitronenschale abreiben, Zitrone auspressen. • Aus 2 EL Öl, 1 TL Zitronensaft, Salz und Pfeffer ein Dressing rühren. • Mit dem Gemüse vermengen. • Mit Basilikum und Zitronenabrieb verfeinern.

# WURZELGEMÜSE MIT OLIVEN

*250 g*
KAROTTEN

*100 g*
PASTINAKEN

*1 TL getrocknete*
ITALIENISCHE KRÄUTER

*100 g entsteinte*
KALAMATA-OLIVEN

AUS DEM VORRAT: OLIVENÖL · SALZ · PFEFFER

4 PORTIONEN
10 MIN. + 40 MIN. BACKEN

Backofen auf 180 °C vorheizen. • Gemüse waschen, schälen und in mundgerechte Stücke schneiden. • Auf einem Backblech verteilen. • Mit Olivenöl, Salz, Pfeffer und italienischen Kräutern vermengen. • Ca. 30–40 Min. im Ofen rösten. • Oliven abtropfen lassen und unter das Gemüse heben.

TIPP: Dazu schmeckt Fetakäse.

# BROKKOLI MIT CASHEWCREME

*1* BROKKOLI — *2* KAROTTEN — *100 g* GURKE

*½* GRANATAPFEL — *50 g* CASHEWKERNE — *2 EL* MANDELBLÄTTCHEN

AUS DEM VORRAT: SALZ · PFEFFER · OLIVENÖL

2 PORTIONEN
25 MIN.

Brokkoli waschen, in Röschen teilen. • In Salzwasser bissfest garen. • Karotten waschen, würfeln. • Rundherum anbraten, bis sie bissfest sind. • Gurke waschen, klein würfeln. • Granatapfelkerne auslösen. • Cashewkerne mit 100 ml Wasser, Salz, Pfeffer und 1 EL Olivenöl zu einem cremigen Dressing pürieren. • Brokkoli mit Karotten, Gurke, Granatapfelkernen anrichten. • Mit dem Dressing vermengen. • Mit Mandelblättchen bestreuen.

Nährstoff-Booster
Brokkoli:
die vielen Ballaststoffe
sorgen für eine langsamere
Glukosefreisetzung.

# BLUMENKOHL MIT KICHERERBSEN

*1*
BLUMENKOHL

*1*
ROTE PAPRIKA

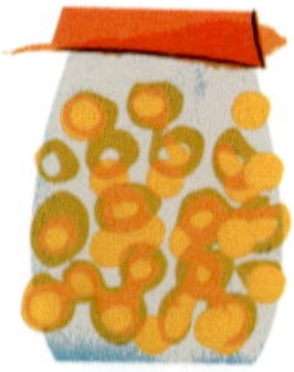

*200 g*
KICHERERBSEN (GLAS)

*Saft von ½*
ZITRONE

*2 EL*
TAHINI (SESAMMUS)

*3 Stängel*
PETERSILIE

AUS DEM VORRAT: OLIVENÖL · SALZ · PFEFFER

2 PORTIONEN
10 MIN. + 30 MIN. BACKEN

Ofen auf 180 °C vorheizen. • Gemüse waschen, putzen. • Blumenkohl in Röschen teilen. • Paprika in Würfel schneiden. • Kichererbsen waschen, abtropfen lassen. • Gemüse und Kichererbsen mit 2 EL Olivenöl, Salz und Pfeffer vermengen. • Auf einem Backblech 30 Min. rösten. • Aus Zitronensaft, Tahini, 1 EL Öl, 1 EL Wasser, Salz und Pfeffer ein Dressing zubereiten. • Petersilie fein hacken. • Gemüse mit Dressing und Petersilie anrichten.

# SÜSSKARTOFFEL-TOAST MIT AVOCADO

*1*
SÜSSKARTOFFEL

*1 unbehandelte*
LIMETTE

*200 g*
KÖRNIGER FRISCHKÄSE

*1 genussreife*
AVOCADO

*1 Stängel*
KORIANDER

*2 El*
SPROSSEN

AUS DEM VORRAT: SALZ · PFEFFER

2 PORTIONEN
15 MIN.

Süßkartoffel waschen, längs in 0,5 cm dicke Scheiben schneiden. • Scheiben nacheinander im Toaster garen, bis sie goldbraun und innen weich sind. • Limettenschale abreiben, Saft auspressen. • Frischkäse mit Salz, Pfeffer, ½ TL Limettenabrieb und 1 TL -saft vermengen. • Avocado halbieren, in dünne Scheiben schneiden. • Korianderblätter abzupfen. • Toasts mit Frischkäse, Avocado, Koriander und Sprossen belegen. • Salzen und pfeffern.

# TOMATEN-MOZZARELLA-ZUCCHINI

*4*
TOMATEN

*1 kleine*
ZUCCHINI

*2 Stängel*
BASILIKUM

*1*
MOZZARELLA

*2 EL*
DUNKLE OLIVEN
(Z. B. KALAMATA)

AUS DEM VORRAT: OLIVENÖL · BALSAMICOESSIG · SALZ · PFEFFER

2 PORTIONEN
10 MIN.

Tomaten, Zucchini und Basilikum waschen. • Tomaten, Zucchini und Mozzarella in dünne Scheiben schneiden. • Basilikumblätter abzupfen und grob hacken. • Auf zwei Tellern abwechselnd Tomaten, Mozzarella und Zucchini fächerförmig im Kreis anrichten. • Oliven darauf verteilen. • Je mit 1 TL Öl, 1 TL Essig, Salz und Pfeffer würzen. • Mit Basilikumblättern garnieren.

# AVOCADO MIT LACHS-TATAR

*1 große genussreife*
AVOCADO

*1 kleine*
SCHALOTTE

*1 unbehandelte*
ZITRONE

*100 g*
RÄUCHERLACHS

*100 g*
CRÈME FRAÎCHE

AUS DEM VORRAT: SALZ · PFEFFER

2 PORTIONEN
20 MIN.

Avocado halbieren, in Scheiben schneiden. • Schalotte schälen, hacken. • Zitronenschale abreiben, Saft auspressen. • Lachs klein würfeln. • Mit 2 TL Saft, ½ TL Abrieb, Schalotte, je 1 Prise Salz und Pfeffer vermengen. • Ziehen lassen. • Crème fraîche salzen, pfeffern, mit 1 TL Saft vermengen. • Avocado auf Teller legen. • Lachs daraufgeben. • Crème fraîche darüber verteilen. • Salzen und pfeffern. • Etwas Zitronensaft darüberträufeln.

# SUMMER ROLLS

*100 g*
GRÜNKERN

*½ Bund*
GRÜNER SPARGEL

*1 genussreife*
AVOCADO

*3 Stängel*
FRISCHE MINZE

*10*
REISBLÄTTER

*1 Handvoll*
KRESSE

AUS DEM VORRAT: SALZ · OLIVENÖL · PFEFFER

10 STÜCK
15 MIN. + 30 MIN. GAREN

Grünkern 30 Min. in Salzwasser garen. • Spargel waschen, Enden abschneiden. In 5-cm-Stücke schneiden. • Spargel in 1 EL Öl bissfest garen. • Salzen, pfeffern. • Avocado zerdrücken. • Minze hacken. • Für den Dip 2 EL Öl mit Minze, Salz und Pfeffer vermengen. • Reisblätter in warmem Wasser einweichen. • Mit Avocado, Spargel, Grünkern und Kresse belegen. • Reisblatt an 3 Seiten einschlagen, zur Rolle formen. • Mit Dip servieren.

# GRÜNE VORSPEISE TO GO

*100 g*
QUINOA

*100 g gekochte*
BRAUNE LINSEN (DOSE)

*1*
APFEL

*1*
ROMANA-SALATHERZ

*100 g*
GURKE

*1 TL*
DIJON-SENF

AUS DEM VORRAT: OLIVENÖL · BALSAMICOESSIG · SALZ · PFEFFER

2 PORTIONEN
15 MIN.

Quinoa nach Packungsanleitung kochen. • Linsen abgießen. • Apfel waschen, entkernen, würfeln. • Salat putzen, in feine Streifen schneiden. • Gurke waschen, würfeln. • Aus 3 EL Öl, 1 EL Essig, Salz, Pfeffer und Senf ein cremiges Dressing rühren. • Dressing in 2 Schraubgläser (ca. 500 ml) geben. • Darauf Gurken, Linsen, Quinoa, Apfel und Salat schichten. • Fest verschließen. • Vor dem Verzehr auf einen Teller geben und vermengen.

**Superfood Quinoa:**

Ballaststoffe und Proteine stabilisieren den **Blutzuckerspiegel.**

# BUNTES OFENGEMÜSE

*1*
FENCHEL

*500 g*
KLEINE KARTOFFELN

*4*
KAROTTEN

*1 TL*
ITALIENISCHE KRÄUTER

*½ Bund*
SCHNITTLAUCH

*200 g*
QUARK (VOLLFETTSTUFE)

AUS DEM VORRAT: OLIVENÖL · SALZ · PFEFFER

2 PORTIONEN
10 MIN+ 30 MIN. BACKEN

Backofen auf 180 °C vorheizen. • Gemüse waschen, putzen. • Fenchel halbieren. • Kartoffeln und Karotten längs halbieren. • Gemüse in einer Auflaufform mit 2 EL Öl, Kräutern, Salz und Pfeffer vermengen. • 30 Min. backen. • Schnittlauch in Ringe schneiden. • Quark salzen, pfeffern, mit der Hälfte des Schnittlauchs vermengen, mit etwas Olivenöl beträufeln. • Gemüse mit dem restlichen Schnittlauch anrichten. • Quark dazu servieren.

# KICHERERBSEN AUS DEM OFEN

*1 unbehandelte*
ORANGE

*400 g*
KICHERERBSEN (GLAS)

*1 TL*
PAPRIKAPULVER

*1*
BROKKOLI

*3 EL*
TAHINI (SESAMMUS)

*200 g*
HALLOUMI

AUS DEM VORRAT: SALZ · PFEFFER · OLIVENÖL

2 PORTIONEN
10 MIN. + 30 MIN. BACKEN

Ofen auf 200 °C vorheizen. • Orangenschale abreiben, Saft auspressen. • Kichererbsen mit Paprika, Saft von ½ Orange, 1 TL Abrieb, Salz, Pfeffer und 1 EL Öl mischen. • Auf einem Blech 10 Min. rösten. • Halloumi einschneiden. • Brokkoli in Röschen teilen. • Beides mit Kichererbsen vermengen. • 20 Min. rösten. • Tahini mit 1 TL Abrieb, restlichem Saft und 1 EL Öl verrühren. • Halloumi in Streifen schneiden. • Mit Gemüse und Tahini servieren.

# BLUMENKOHL-NUGGETS

*1*
BLUMENKOHL MIT BLÄTTERN

*200 g*
SOJAFLOCKEN

*50 g*
SPEISESTÄRKE

*200 ml zuckerfreier*
MANDELDRINK

*50 g*
MEHL

*200 g*
QUARK (MIND. 20 % FETT)

AUS DEM VORRAT: OLIVENÖL · SALZ · PFEFFER

2 PORTIONEN
15 MIN. + 30 MIN. BACKEN

Backofen auf 180 °C vorheizen. • Kohlblätter waschen, mit 1 TL Öl vermengen, salzen, pfeffern. • Kohl in Röschen teilen. • Sojaflocken zerkleinern. • Speisestärke, Mandeldrink, Salz und Pfeffer mischen. • Röschen nacheinander in Mehl, Milchmischung und Sojaflocken wälzen. • Auf einem Blech in 30 Min. goldbraun backen. • Kohlblätter die letzten 10 Min. mitrösten. • 1 Blatt kleinschneiden und mit Quark, Salz und Pfeffer vermengen.

# PARMIGIANA (AUBERGINEN-AUFLAUF)

*3*
AUBERGINEN

*800 g ganze geschälte*
TOMATEN (DOSE)

*1 TL*
ITALIENISCHE KRÄUTER

*125 g*
BÜFFELMOZZARELLA

*50 g geriebener*
PARMESAN

*2 Stängel*
FRISCHES BASILIKUM

AUS DEM VORRAT: SALZ · PFEFFER · OLIVENÖL

4 PORTIONEN
15 MIN. + 30 MIN. BACKEN

Ofen auf 180 °C vorheizen. • Auberginen in Scheiben schneiden, salzen. • Tomaten mit Salz, Pfeffer, 1 TL Öl und Kräutern 15 Min. köcheln. Dabei Tomaten zerdrücken, umrühren. • Mozzarella in Scheiben schneiden. • Auberginen trocken tupfen. • In Öl anbraten. • Salzen, pfeffern. • In eine geölte Auflaufform Auberginen und Mozzarella schichten. • Tomatensauce darauf verteilen. • Mit Parmesan und Basilikum bestreuen. • 20–30 Min. backen.

# KICHERERBSEN-EINTOPF

*2 große*
KARTOFFELN

*2 große*
KAROTTEN

*1*
ROTE PAPRIKA

*400 g*
KICHERERBSEN (GLAS)

*400 g gehackte*
TOMATEN (DOSE)

*200 ml*
KOKOSMILCH (DOSE)

AUS DEM VORRAT: OLIVENÖL · SALZ · PFEFFER

4 PORTIONEN
10 MIN. + 20 MIN. KOCHEN

Gemüse waschen. • Kartoffeln schälen und würfeln. • Karotten und Paprika ebenfalls würfeln. • Kichererbsen in einem Sieb mit Wasser abspülen. • In einem mittelgroßen Topf 1 EL Olivenöl erhitzen. • Gemüse rundherum anbraten und ein paar Min. rösten. • Kichererbsen und Tomaten hinzugeben. • Mit Kokosmilch aufgießen. • Mit Salz und Pfeffer würzen. • 20 Min. köcheln lassen.

# GEMÜSE-CURRY

*1*
BROKKOLI

*5*
KAROTTEN

*4*
ROTE BETE

*1 cm*
INGWER

*½ unbehandelte*
ZITRONE

*400 ml*
KOKOSMILCH (DOSE)

AUS DEM VORRAT: OLIVENÖL · SALZ · PFEFFER

4 PORTIONEN
15 MIN. + 15 MIN. KOCHEN

Gemüse waschen, putzen und kleinschneiden. • Ingwer fein hacken. • Zitrone in Scheiben schneiden. • 2 EL Öl erhitzen. • Ingwer scharf anbraten. • Gemüse hinzufügen und alles kurz andünsten. • Mit Kokosmilch ablöschen. • Dose zur Hälfte mit Wasser füllen und hinzufügen. • Mit Salz und Pfeffer würzen. • Bei geringer Hitze ca. 15 Min. köcheln lassen, bis das Gemüse bissfest ist.
TIPP: Dazu passt kross angebratener Tofu.

# BUNTE BOWL MIT KNUSPRIGEM TOFU

*150 g*
BUNTE QUINOA

*200 g*
BROKKOLI

*200 g*
KAROTTEN

*200 g*
TOFU

*1 EL*
MAISSTÄRKE

*1 genussreife*
AVOCADO

AUS DEM VORRAT: OLIVENÖL · SALZ · PFEFFER

2 PORTIONEN
15 MIN. + 50 MIN. RÖSTEN

Ofen auf 180 °C vorheizen. • Quinoa nach Packungsangabe kochen. • Gemüse waschen. • Brokkoli in Röschen teilen, Stiele würfeln. • Karotten längs in 4 Teile schneiden. • Mit Öl, Salz und Pfeffer würzen • 30 Min. im Ofen rösten. • Tofu in 1-cm-Würfel schneiden. • 2 EL Öl mit Salz, Pfeffer und 1 EL Stärke vermengen. • Tofu darin wälzen. • Zum Ofengemüse geben, 20 Min. mitgaren. • Avocado zerdrücken, salzen, pfeffern.

# LACHS MIT PISTAZIENKRUSTE

*50 g*
FELDSALAT

*400 g*
DRILLINGE (KLEINE KARTOFFELN)

*1 TL*
ITALIENISCHE KRÄUTERMISCHUNG

*250 g*
LACHSFILET

*20 g gesalzene*
PISTAZIEN (GESCHÄLT)

*1 TL*
DIJON-SENF

AUS DEM VORRAT: SALZ · PFEFFER · OLIVENÖL · BALSAMICOESSIG

2 PORTIONEN
20 MIN. + 30 MIN. BACKEN

Ofen auf 180 °C vorheizen. • Feldsalat waschen. • Kartoffeln waschen, halbieren. • Mit Salz, Pfeffer und Kräutern vermengen. • In einer Auflaufform mit 1 EL Öl bedecken. • Lachs waschen, trocken tupfen. • Pistazien klein hacken. • Lachs in eine 2. Auflaufform geben. • Mit Pistazien bedecken, andrücken. • Mit Kartoffeln im Ofen 30 Min garen. • Feldsalat mit einem Dressing aus 3 EL Öl, 1 EL Essig, Senf, Salz und Pfeffer vermengen.

Mit vielen **Omega-3-Fettsäuren** und hohem Proteingehalt reguliert **Lachs** den Blutzuckerspiegel.

# GARNELEN MIT PAK CHOI

*125 g*
BASMATIREIS

*200 ml*
KOKOSMILCH (DOSE)

*300 g*
PAK CHOI

*12 geschälte*
GARNELEN

*50 ml*
GEMÜSEBRÜHE

*Saft von 1*
LIMETTE

AUS DEM VORRAT: OLIVENÖL · SALZ · PFEFFER

2 PORTIONEN
30 MIN.

Reis in 1 TL Öl 2 Min. glasig dünsten. • Mit Kokosdrink und 50 ml Wasser ablöschen. • Salzen und pfeffern • Zugedeckt 10 Min. dünsten. • Herd ausschalten, Reis ziehen lassen. • Pak Choi waschen, halbieren. • Garnelen waschen, trocken tupfen. • Pak Choi in 1 EL Öl erhitzen, salzen, pfeffern. • Mit 50 ml Brühe ablöschen. • In 5 Min. bissfest garen. • Garnelen in 1 EL Öl anbraten, salzen, pfeffern. • Mit Limettensaft ablöschen.

# NORAS ULTIMATIVE QUICHE

*100 g frischer*
SPINAT

*1 Packung*
QUICHE-TEIG (ODER BLÄTTERTEIG)

*100 g*
RÄUCHERLACHS

*1 kleine*
ZWIEBEL

*400 g*
SCHMAND

*4*
EIER

AUS DEM VORRAT: OLIVENÖL · SALZ · PFEFFER

1 QUICHE (26 CM)
15 MIN. + 40 MIN. BACKEN

Ofen auf 180 °C vorheizen. • Spinat waschen. • Teig in die Form geben, am Rand leicht andrücken. • Lachs in feine Streifen schneiden. • Zwiebel schälen, kleinschneiden. • In 1 EL Öl glasig andünsten. • Spinat hinzufügen. • Salzen, pfeffern. • Einige Min. anbraten. • Schmand mit Eiern, Salz und Pfeffer verquirlen. • Lachsstreifen auf den Boden geben. • Spinat und Eiermasse hinzufügen. • 40 Min. backen, bis die Oberfläche goldbraun ist.

# ZUCCHINI-LASAGNE

*2* ZUCCHINI — *1* ZWIEBEL — *400 g* RINDERHACKFLEISCH

*800 g stückige* TOMATEN (DOSE) — *1 TL* ITALIENISCHE KRÄUTER — *250 g* MOZZARELLA

AUS DEM VORRAT: OLIVENÖL · SALZ · PFEFFER

4 PORTIONEN
25 MIN. + 40 MIN. BACKEN

Ofen auf 180 °C vorheizen. • Zucchini waschen. • Zwiebel hacken. • In 1 EL Öl glasig anbraten. • Hackfleisch hinzufügen, anbraten. • Tomaten dazugeben. • Mit Salz, Pfeffer und Kräutern würzen. • 15 Min. köcheln. • Zucchini und Mozzarella in dünne Scheiben schneiden. • Tomaten-Mischung in eine Auflaufform geben. • Darüber Mozzarella, darauf Zucchini verteilen. • Abwechselnd schichten, mit Mozzarella abschließen. • In 40 Min. backen.

# ZOODLES MIT HÄHNCHEN UND PESTO

*20 g*
PINIENKERNE

*1 Bund*
BASILIKUM

*20 g geriebener*
PARMESAN

*2 große*
ZUCCHINI

*100 g kleine*
TOMATEN

*150 g*
HÄHNCHENBRUSTFILET

AUS DEM VORRAT: SALZ · PFEFFER · OLIVENÖL

2 PORTIONEN
25 MIN.

Pinienkerne ohne Fett goldbraun anbraten. • Basilikumblätter abzupfen. • Mit Pinienkernen, Parmesan, Salz, Pfeffer und 5 EL Öl zu einem Pesto pürieren. • Zucchini waschen. • In feine Streifen schneiden. • Tomaten waschen, halbieren. • Hähnchenbrust in Streifen schneiden, salzen, pfeffern. • In 1 EL Öl von allen Seiten goldbraun anbraten. • Zucchini und Tomaten hinzufügen. • 3–4 Min. weiter dünsten. • Pesto unterrühren und servieren.

# Zoodles aus Gemüse: der Nudelersatz für einen stabilen Glukosespiegel.

# OFENHÄHNCHEN MIT WURZELGEMÜSE

*200 g*
KARTOFFELN

*500 g*
KAROTTEN

*2*
FENCHELKNOLLEN

*100 g*
SCHWARZE OLIVEN

*2 TL*
ITALIENISCHE KRÄUTER

*4*
HÄHNCHENKEULEN

AUS DEM VORRAT: OLIVENÖL · SALZ · PFEFFER

4 PORTIONEN
15 MIN. + 40 MIN. BACKEN

Backofen auf 180 °C vorheizen. • Kartoffeln schälen. • Karotten und Fenchel putzen, kleinschneiden. • In einer ofenfesten Auflaufform Gemüse und Oliven mit 2 EL Öl, Salz, Pfeffer und 1 TL Kräuter vermengen. • Hähnchenkeulen waschen, trocken tupfen, mit Öl, Salz, Pfeffer und Kräutern einreiben. • Auf das vorbereitete Gemüse legen. • 40 Min. backen, bis das Hähnchen goldbraun und das Gemüse gar ist.

# APFEL-BEEREN-CRUMBLE

*4*
ÄPFEL

*200 g*
HIMBEEREN (FRISCH ODER GEFROREN)

*100 g*
MANDELN

*50 g*
MEHL

*50 g*
BUTTER

*50 g*
ZUCKER

AUS DEM VORRAT: SALZ

4 PORTIONEN
15 MIN. + 30 MIN. BACKEN

Backofen auf 180 °C vorheizen. • Obst waschen. • Äpfel schälen und in kleine Würfel schneiden. • Mandeln grob hacken. • Mehl mit Butter, Zucker, 1 Prise Salz und Mandeln zu einem Crumble-Teig vermischen. • Obst in eine gefettete Auflaufform geben. • Crumble darauf verteilen. • In ca. 30 Min. goldbraun backen.

Im Anschluss an eine Hauptmahlzeit gegessen, wirkt sich **dieser Crumble** kaum auf die Glukosekurve aus.

# HIMBEER-QUARK-AUFLAUF

½ unbehandelte
ZITRONE

500 g
QUARK (MIND. 20 % FETT)

3
EIER

1 TL
VANILLEEXTRAKT

40 g
ZUCKER

200 g frische
HIMBEEREN

4 PORTIONEN
5 MIN. + 45 MIN. BACKEN + MIND. 2 STD. KÜHLEN

Backofen auf 180 °C vorheizen. • Kuchenform (20 cm Ø) mit Backpapier auslegen. • Zitronenschale abreiben, Saft auspressen. • Alle Zutaten bis auf die Himbeeren zu einem glatten Teig rühren. • Himbeeren mit einem Kochspatel vorsichtig unterheben. • In die Kuchenform geben. • Ca. 45 Min. backen. • Abkühlen lassen und für mind. 2 Std. kalt stellen. • Aus der Form lösen und genießen.

# LEA-MARTINES SCHOKO-MOUSSE

200 g
ZARTBITTERSCHOKOLADE
(MIND. 70 % KAKAO)

400 g
SEIDENTOFU

½ TL
VANILLEEXTRAKT

2 EL
AHORNSIRUP

4 PORTIONEN
5 MIN. + MIND.
2 STD. KÜHLEN

Schokolade im Wasserbad schmelzen. • Alle Zutaten in einem Hochleistungsmixer zu einer cremigen Mousse pürieren. • Vor dem Servieren mind. 2 Std. im Kühlschrank kalt stellen.

# HIMBEEREIS

*200 g*
GEFRORENE HIMBEEREN

*200 ml*
KOKOSMILCH (DOSE)

*1 EL*
VANILLE-PROTEINPULVER

1 PORTION
3 MIN.

Alle Zutaten im Mixer oder mit dem Pürierstab fein pürieren. • Sofort genießen.

TIPP: Dazu passen Mandelmus und Kokosraspeln.

# KOKOSRIEGEL

*200 g*
KOKOSMILCH (DOSE)

*20 g*
KOKOSÖL

*100 g*
KOKOSRASPEL

*20 g*
AHORNSIRUP

*1 TL*
VANILLEEXTRAKT

*50 g*
DUNKLE SCHOKOLADE (MIND. 75 % KAKAO)

AUS DEM VORRAT: SALZ

10 STÜCK
10 MIN. + 2 STD. +
45 MIN. KÜHLEN

Kokosmilch mind. 2 Std. kühlen. • Kastenform (22 cm) mit Backpapier auslegen. • Kokosöl schmelzen. • 70 g vom festen Teil der Kokosmilch (Kokoscreme) mit Kokosöl, – raspeln, Sirup, Vanille und 1 Prise Salz mixen. • In die Form geben. • 30 Min. kalt stellen. • Schokolade schmelzen. • Auf die Kokosmasse geben. • Nochmal 15 Min. kalt stellen, bis die Schokolade erhärtet ist. • In Riegel schneiden. • Im Kühlschrank aufbewahren.

Schmeckt wie Bounty,
punktet aber mit wenig Zucker,
dafür mit vielen Ballaststoffen
und Proteinen!

# MANDEL-COOKIES

*100 g fein gemahlene*
MANDELN

*½ TL*
BACKPULVER

*30 g*
ZUCKER NACH WAHL

*70 g*
MANDELMUS

*½ TL*
VANILLEEXTRAKT

*50 g*
DUNKLE SCHOKOLADE (MIND. 75 % KAKAO)

AUS DEM VORRAT: SALZ

6 COOKIES
10 MIN. + 10 MIN. BACKEN

Ofen auf 180 °C vorheizen. • Backblech mit Backpapier auslegen. • Mandeln, Backpulver, Zucker und 1 Prise Salz vermengen. • Mandelmus und Vanille untermischen. • Ist der Teig zu trocken, 1–2 EL Wasser hinzufügen. • Schokolade klein hacken. • Hälfte der Schokolade unter den Teig mischen. • Mit einem Esslöffel 6 Kugeln formen. • Auf dem Blech leicht flach drücken. • Restliche Schokolade leicht in die Kekse drücken. • Ca. 10 Min. backen.

# PROTEIN-BLISS-BALLS

*50 g ungesüßtes*
VANILLE-PROTEINPULVER

*15 g*
AHORNSIRUP

*40 g*
ERDNUSSMUS

*½ TL*
VANILLEEXTRAKT

*20 g*
DUNKLE SCHOKOLADE
(MIND. 75 % KAKAO)

10 STÜCK
15 MIN. + 45 MIN. KÜHLEN

Alle Zutaten, bis auf die Schokolade, in einer Küchenmaschine zu einem Teig mixen. • Wenn der Teig zu trocken ist, 1–2 EL Wasser hinzufügen. • Zu 10 Kugeln formen. • 30 Min. kühl stellen. • Schokolade schmelzen. • Kugeln damit überziehen. • Nochmals 15 Min. kühl stellen. • Im Kühlschrank oder Gefrierfach aufbewahren.

TIPP: Schmeckt auch mit jedem anderen Nussmus.

# KOKOSKUCHEN

150 g
DINKELMEHL

100 g
KOKOSRASPEL

200 g
KOKOSJOGHURT

100 g
APFELMARK

50 g
AHORNSIRUP

1 TL
BACKPULVER

AUS DEM VORRAT: OLIVENÖL

1 KUCHEN
10 MIN. + 40 MIN. BACKEN

Ofen auf 180 °C Umluft vorheizen. • Kastenform (22 cm lang) mit Backpapier auslegen. • Alle Zutaten und 3 EL Öl verrühren. • Masse in die Backform geben. • 35–40 Min. backen.

TIPP: Statt Apfelmark kannst du auch zerdrückte Banane verwenden.

# SCHOKOLADENTARTE

*200 g*
ZARTBITTERSCHOKOLADE (MIND. 70 % KAKAO)

*200 g*
BUTTER

*50 g*
ZUCKER

*200 g gemahlene*
MANDELN

*½ Päckchen*
BACKPULVER

*4*
EIER

AUS DEM VORRAT: SALZ

1 TARTE
10 MIN. + 40 MIN. BACKEN

Backofen auf 150 °C vorheizen. • Springform (26 cm Ø) mit Backpapier auslegen. • Schokolade grob hacken. • Mit Butter in einer Metallschüssel über dem Wasserbad schmelzen. • Zucker, Mandeln, Backpulver, 1 Prise Salz und zum Schluss Eier unterrühren. • Teig in die Form geben. • Ca. 40 Minuten backen.

75% Schokolade:
niedrigerer Zuckergehalt =
langsamerer Anstieg des
Blutzuckerspiegels

# REZEPTVERZEICHNIS

## Quellenverzeichnis der Abbildungen von stock.adobe.com

S. 19: Nüsse und Samen: © womue/stock.adobe.com; Essig: © Roman Ivaschenko/stock.adobe.com; Beeren: © nataliazakharova/stock.adobe.com; Quinoa: © koosen/stock.adobe.com; Blattsalat: © ExQuisine/stock.adobe.com; Eier: © Rynio Productions/stock.adobe.com; Grünes Gemüse: © Paulista/stock.adobe.com; Fisch: © PhotoSG/stock.adobe.com; Vollkornprodukte: © Tatiana Morozova/stock.adobe.com

S. 26: Chiasamen: © photocrew/stock.adobe.com; Kokosraspel: © New Africa/ stock.adobe.com; Erdbeeren: © Parad St/ stock.adobe.com; Walnüsse: © Tatyana Sidyukova/stock.adobe.com

S. 28: Sojaflocken: © womue/stock.adobe.com; Geschrotete Leinsamen: © dule964/stock.adobe.com; Nussmus: © Pixel-Shot /stock.adobe.com; Mandeldrink: © Pixel-Shot/stock.adobe.com; Beeren: © nataliazakharova/stock.adobe.com

S. 30: Mandeln: © spaxiax/stock.adobe.com; Banane: © Andrzej Tokarski/stock.adobe.com; Himbeeren: © womue maria_bk/stock.adobe.com; Heidelbeeren: © GCapture/stock.adobe.com; Zitrone: © grey/stock.adobe.com

S. 32: Kokosöl: © vitals/stock.adobe.com; Gemahlener Zimt: © ange1011/stock.adobe.com; Pekannüsse: © Diana Taliun/stock.adobe.com; Mandeln: © spaxiax/stock.adobe.com; Cashewkerne: © Igor Kovalchuk/stock.adobe.com; Kokoschips: © womue/stock.adobe.com

S. 34: Mehl: © kolesnikovserg/stock.adobe.com; Neutrales Proteinpulver: © Jose Raúl Abad Reina /stock.adobe.com; Ei: © Pineapple studio/stock.adobe.com; Backpulver: © kolesnikovserg/stock.adobe.com; Banane: © TANAPAT/stock.adobe.com

S. 36: Eier: © ImagesMy/stock.adobe.com; Kirschtomaten: © fotos4u/stock.adobe.com; Blattspinat: © oxie99/stock.adobe.com; Fetakäse: © bigacis/stock.adobe.com

S. 38: Mandeldrink: © Pixel-Shot/stock.adobe.com; Dunkle Schokolade: © ozmen/stock.adobe.com; Banane: © TANAPAT/stock.adobe.com; Nussmus: © Pixel-Shot/stock.adobe.com; Espresso: © Kuzmick/stock.adobe.com; Vanille-Proteinpulver: © ExQuisine/stock.adobe.com

S. 40: Heidelbeeren: © GCapture/stock.adobe.com; Vanille-Proteinpulver: © ExQuisine/stock.adobe.com; Mandelmus: © womue/stock.adobe.com; Leinsamen: © kolesnikovserg/stock.adobe.com; Banane: © TANAPAT/stock.adobe.com; Mandeldrink: © Pixel-Shot/stock.adobe.com

S. 42: Rote Paprika: © eyetronic/stock.adobe.com; Erbsen: © ange1011/stock.adobe.com; Eier: © ImagesMy/stock.adobe.com; geriebener Parmesan: © Pixel-Shot/stock.adobe.com

S. 44: Quinoa: © koosen/stock.adobe.com; Tomaten: © bergamont/stock.adobe.com; Kidneybohnen: © Markus Mainka//stock.adobe.com; Limettensaft: © Roman Samokhin/stock.adobe.com; Eier: © Rynio Productions/stock.adobe.com

S. 46: Vollkornreis: © iprachenko/stock.adobe.com; Geschälte Pistazien: © ExQuisine/stock.adobe.com; Frischer Spinat: © oxie99/stock.adobe.com; Eier: © Rynio Production/stock.adobe.com; Ricotta: © Tatyana/stock.adobe.com

S. 48: Tomate: © Jacek Fulawka/stock.adobe.com; Ei: © Pineapple studio/stock.adobe.com; Vollkorn-Tortilla: © Jiri Hera/stock.adobe.com; Romana-Salat: © JanSommer/stock.adobe.com

S. 50: Eier: © Rynio Productions/stock.adobe.com; Vollkorn-Sauerteigbrot: © Tatiana Morozova/stock.adobe.com; Hüttenkäse: © DenisProduction.com/stock.adobe.com

S. 52: Babyspinat: © New Africa/stock.adobe.com; Rote Beete: © ChaoticDesignStudio/stock.adobe.com; Apfel: © Markus Mainka/stock.adobe.com; Senf: © BigNazik/stock.adobe.com; Rettichsprossen: © fotofabrika/stock.adobe.com

S. 54: Feldsalat: © rdnzl/stock.adobe.com; Schalotte: © Bert Folsom/stock.adobe.com; Walnüsse: © Tatyana Sidyukova/stock.adobe.com; Champignons: © New Africa/stock.adobe.com; Senf: © BigNazik/stock.adobe.com

S. 56: Rucola: © Jiri Hera/stock.adobe.com; Fenchel: © MP2/stock.adobe.com; Parmesan: © Diana Taliun/stock.adobe.com; Zitrone: © kitsananan Kuna/stock.adobe.com; Orange: © alexlukin/stock.adobe.com; Senf: © BigNazik/stock.adobe.com

S. 58: Feldsalat: © rdnzl/stock.adobe.com; Rote Bete: © ChaoticDesignStudio/stock.adobe.com; Räuchertofu: © Moving Moment/stock.adobe.com; Senf: © BigNazik/stock.adobe.com

S. 60: Wildkräutersalat: © Klaus Eppele/stock.adobe.com; Chicoree: © Xavier/stock.adobe.com; Apfel: © Markus Mainka/stock.adobe.com; Rettich: © sommai/stock.adobe.com; Orange: © alexlukin/stock.adobe.com; Senf: © BigNazik/stock.adobe.com

S. 62: Romana-Salatherz: © Jan-Sommer/stock.adobe.com; Karotten: © angorius/stock.adobe.com; Grüner Spargel: © supamas/stock.adobe.com; Garnelen: © nataliazakharova/stock.adobe.com; Italienische Kräuter: © cabecademarmore/stock.adobe.com

S. 64: Karotten: © angorius/stock.adobe.com; Romana-Saltherzen: © RAM/stock.adobe.com; Basilikum: © Dionisvera/stock.adobe.com; Zitrone: © kitsananan Kuna/stock.adobe.com

S. 66: Karotten: © OLESYA TSEYTLIN/stock.adobe.com; Pastinaken: © sarahdoow/stock.adobe.com; Italienische Kräuter: © cabecademarmore/stock.adobe.com; Kalamata-Oliven: © Moving Moment/stock.adobe.com

S. 68: Brokkoli: © Paulista/stock.adobe.com; Karotten: © angorius/stock.adobe.com; Gurke: © dimakp/stock.adobe.com; Granatapfel: © Ekaterina/stock.adobe.com; Cashewkerne: © Igor Kovalchuk/stock.adobe.com; Mandelblättchen: © ozmen/stock.adobe.com

S. 70: Blumenkohl: © Lunipa/stock.adobe.com; Rote Paprika: © eyetronic/stock.adobe.com; Zitrone : © kitsananan Kuna/stock.adobe.com; Tahini: © baibaz/stock.adobe.com

S. 72: Süsskartoffel: © Creatus/stock.adobe.com; Limette: © rimglow/stock.adobe.com; Körniger Frischkäse: © New Africa/stock.adobe.com; Koriander: © Scisetti Alfio/stock.adobe.com; Sprossen: © boonchuay1970/stock.adobe.com

S. 74: Tomaten: © OFC Pictures/stock.adobe.com; Zucchini: © tab62/stock.adobe.com; Basilikum: © Dionisvera/stock.adobe.com; Mozzarella: © Bozena Fulawka/stock.adobe.com; Kalamta-Oliven: © Moving Moment/stock.adobe.com

S. 76: Schalotte: © Bert Folsom/stock.adobe.com; Zitrone: © grey/stock.adobe.com; Lachs: © womue/stock.adobe.com; Creme Fraiche: © Picture Partners/stock.adobe.com

S. 78: Grünkern: © photocrew/stock.adobe.com; Grüner Spargel: © supamas/stock.adobe.com; Frische Minze: © Alexander Raths/stock.adobe.com; Reisblätter: © Coprid/stock.adobe.com; Kresse: © HandmadePictures/stock.adobe.com

S. 80: Quinoa: © koosen/stock.adobe.com; Braune Linsen: © Peter Hermes Furian/stock.adobe.com; Apfel: © Markus Mainka/stock.adobe.com; Romana-Salatherz: © JanSommer/stock.adobe.com; Gurke: © dimakp/stock.adobe.com; Senf: © BigNazik/stock.adobe.com

S. 82: Fenchel: © MP2/stock.adobe.com; Kartoffeln: © oqba/stock.adobe.com; Karotten: © ChaoticDesignStudio/stock.adobe.com; Italienische Kräuter: © cabecademarmore/stock.adobe.com; Schnittlauch: © Amy Lv/stock.adobe.com; Quark: © bigacis/stock.adobe.com

S. 84: Paprikapulver: © nuttapongg/stock.adobe.com; Brokkoli: © Paulista/stock.adobe.com; Tahini: © baibaz/stock.adobe.com; Halloumi: © uckyo/stock.adobe.com

S. 86: Blumenkohl: © Lunipa/stock.adobe.com; Sojaflocken: © womue/stock.adobe.com; Speisestärke: © Mara Zemgaliete/stock.adobe.com; Mandeldrink: © Pixel-Shot/stock.adobe.com; Mehl: © kolesnikovserg/stock.adobe.com; Quark: © bigacis/stock.adobe.com

S. 88: Auberginen: © koleskinovserg/stock.adobe.com; Tomaten (Dose): © m________k____/stock.adobe.com; Italienische Kräuter: © cabecademarmore/stock.adobe.com; Büffelmozzarella: © fabiomax/stock.adobe.com; Parmesan: © Pixel-Shot/stock.adobe.com; Basilikum: © Dionisvera/stock.adobe.com

S. 90: Kartoffeln: © sp4764/stock.adobe.com; Karotten: © angorius/stock.adobe.com; Rote Paprika: © eyetronic/stock.adobe.com; Tomaten (Dose): © m________k____/stock.adobe.com

S. 92: Brokkoli: © Paulista/stock.adobe.com; Karotten: © Hyrma/stock.adobe.com; Rote Bete: © supamas/stock.adobe.com; Zitrone: © kitsananan Kuna/stock.adobe.com

S. 94: Quinoa: © koosen/stock.adobe.com; Brokkoli: © Paulista/stock.adobe.com; Karotten: © OLESYA TSEYTLIN/stock.adobe.com; Tofu: © Moving Moment/stock.adobe.com; Maisstärke: © Mara Zemgaliete/stock.adobe.com

S. 96: Feldsalat: © rdnzl/stock.adobe.com; Kartoffeln: © oqba/stock.adobe.com; Italienische Kräutermischung: © cabecademarmore/stock.adobe.com; Lachsfilet: © PhotoSG/stock.adobe.com; Pistazien: © ExQuisine/stock.adobe.com; Senf: © BigNazik/stock.adobe.com

S. 98: Basmatireis: © mayakova/stock.adobe.com; Pak Choi: © kaiskynet/stock.adobe.com; Garnelen: © nataliazakharova/stock.adobe.com; Gemüsebrühe: © pjjaruwan/stock.adobe.com; Limette: © rimglow/stock.adobe.com

S. 100: Spinat: © oxie99/stock.adobe.com; Quiche-Teig: © New Africa/stock.adobe.com; Räucherlachs: © womue/stock.adobe.com; Schmand: © Lumos sp/stock.adobe.com; Eier: © ImagesMy/stock.adobe.com

S. 102: Zucchini: © Tatiana/stock.adobe.com; Rinderhackfleisch: © womue/stock.adobe.com; Tomaten (Dose): © m________k____/stock.adobe.com; Italienische Kräuter: © cabecademarmore/stock.adobe.com; Mozzarella: © Bozena Fulawka/stock.adobe.com

S. 104: Pinienkerne: © kolesnikovserg/stock.adobe.com; Basilikum: © Dionisvera/stock.adobe.com; Parmesan: © Pixel-Shot/stock.adobe.com; Zucchini: © Tatiana/stock.adobe.com; Tomaten: © fotos4u/stock.adobe.com; Hähnchenbrustfilet: © Bernd Schmidt/stock.adobe.com

S. 106: Kartoffeln: © sp4764/stock.adobe.com; Karotten: © OLESYA TSEYTLIN/stock.adobe.com; Fenchelknollen: © photocrew/stock.adobe.com; Schwarze Oliven: © Markus Mainka/stock.adobe.com; Italienische Kräuter: © cabecademarmore/stock.adobe.com; Hähnchenkeule: © Bernd Schmidt/stock.adobe.com

S. 108: Äpfel: © alexgold/stock.adobe.com; Himbeeren: © maria_bk/stock.adobe.com; Mandeln: © spaxiax/stock.adobe.com; Mehl: © kolesnikovserg/stock.adobe.com; Butter: © bigacis/stock.adobe.com; Zucker: © mayakova/stock.adobe.com

S. 110: Zitrone: © kitsananan Kuna/stock.adobe.com; Quark: © bigacis/stock.adobe.com; Eier: © Pakhnyushchyy/stock.adobe.com; Zucker: © mayakova/stock.adobe.com; Himbeeren: © maria_bk/stock.adobe.com

S. 112: Zartbitterschokolade: © ozmen/stock.adobe.com; Seidentofu: © Moving Moment/stock.adobe.com; Ahornsirup: © Jiri Hera/stock.adobe.com

S. 114: Himbeeren: © maria_bk/stock.adobe.com; Vanille-Proteinpulver: © ExQuisine/stock.adobe.com

S. 116: Kokosöl: © vitals/stock.adobe.com; Kokosraspel: © New Africa/stock.adobe.com; Ahornsirup: © Jiri Hera/stock.adobe.com; Dunkle Schokolade: © ozmen/stock.adobe.com

S. 118: Gemahlene Mandeln: © joanna wnuk/stock.adobe.com; Backpulver: © kolesnikovserg/stock.adobe.com; Zucker: © mayakova/stock.adobe.com; Mandelmus: © womue/stock.adobe.com; Dunkle Schokolade: © ozmen/stock.adobe.com

S. 120: Vanille-Proteinpulver: © ExQuisine/stock.adobe.com; Ahornsirup: © Jiri Hera/stock.adobe.com; Nusmuss: © Pixel-Shot/stock.adobe.com; Dunkle Schokolade: © ozmen/stock.adobe.com

S. 122: Dinkelmehl: © kolesnikovserg/stock.adobe.com; Kokosraspel: © New Africa/stock.adobe.com; Kokosjoghurt: © Coprid/stock.adobe.com; Apfelmark: © Moving Moment/stock.adobe.com; Ahornsirup: © Jiri Hera/stock.adobe.com; Backpulver: © kolesnikovserg/stock.adobe.com

S. 124: Zartbitterschokolade: © ozmen/stock.adobe.com; Butter: © bigacis/stock.adobe.com; Zucker: © mayakova/stock.adobe.com; Gemahlene Mandeln: © joanna wnuk/stock.adobe.com; Backpulver: © kolesnikovserg/stock.adobe.com; Eier: © ImagesMy/stock.adobe.com